李海壽의 〈亂後悼亡錄〉을 차운하여 1594년 11월 지은 인물전
전쟁 당시 사실에 대한 담담한 회고와 추념에 따른 애도시
남성 78명 여성 8명을 17개 표제로 분류한 역사기록과 시문학의 만남

팔곡 구사맹
난후조망록

八谷 具思孟 亂後吊亡錄

具思孟 원저·申海鎭 역주

보고사
BOGOSA

이 책은 왕실의 인척으로 삶을 살았고 훗날 인조(仁祖)의 외조부가 된 팔곡(八谷) 구사맹(具思孟, 1531~1604)이 임진왜란 초기 당시에 충성스럽고 어진 이를 일컬으며 널리 알려서 야박한 풍속을 쇄신할 수 있는 사람들을 선별하여 그 대강을 담담하게 약술하고 그들의 모범적인 면모를 시로 지어 애도한 '인물전 시집'이라 할 수 있는 〈난후조망록(亂後吊亡錄)〉을 번역하였다.

팔곡의 자서(自序)에 의하면, 이 〈난후조망록〉은 약옹(藥翁) 이해수(李海壽, 1536~1599)가 28명을 선별하여 엮은 〈난후도망록(亂後悼亡錄)〉을 1594년 가을에 본 후 차운한 것으로, 인물을 더 보충하고 조목을 나누어 체제를 갖추게 된 것이 1594년 11월 상순이었다. 남성 78명과 여성 8명을 선별하여 17개 표제로 분류하면서, 약옹이 먼저 짓고 차운한 것은 제목에 '차(次)'를, 〈난후도망록〉에 수록되지 않아 보충한 것은 제목에 '보(補)'를, 팔곡의 개인적인 슬픈 일 등에 관련된 것은 차서(次序)를 따르지 않았다고 밝혀 놓았다. 이에, 선별한 인물에 대해 담담한 회고에 따른 사실 기록과 더불어 추념에 따른 애도시가 함께 수록되어 역사기록과 시문학의 만남을 이룬 독특한 형태의 문헌이 된 것이다.

외재(畏齋) 이단하(李端夏, 1625~1689)의 발문에 의하면, 그의 아버지 택당(澤堂) 이식(李植, 1584~1647)이 선조 때의 날조된 역사를 바로 잡고자 하면서 참고하기 위해 〈난후조망록〉을 가져갔다가 미처 돌려주지 못한 채 그만 택당 집에 보관하였다. 이단하는 외할머니의 아버지가 구사맹이었으니, 집안에 보관하고 있던 문적 중에서 구사맹의 〈난후조망록〉을 발견하여 팔곡의 증손자 구일(具鎰, 1620~1695)과 함께 간행할 것을 의논하였다. 이때 마침 안협(安峽) 현감으로 나가게 된 팔곡의 종손(宗孫) 구문수(具文洙, 1637~1698)가 안협에서 목판본 〈팔곡잡고(八谷雜稿)〉란 이름으로 1686년 간행한 것이 초간본이다.

이는, 8책으로 된 팔곡유고(八谷遺稿)의 가장본(家藏本)을 일찍이 장남 구성(具宬, 1558~1618)이 7권으로 편차하여 정리해두었던 것을 넷째아들 구굉(具宏, 1577~1642)이 삼도수군통제사로 나가게 되면서 팔곡의 외손서 택당 이식과 도모하여 1632년에 4권의 목판본으로 간행하였는데, 이때 미처 함께 묶지 못한 시문(詩文)과 만사(挽詞) 및 난후조망록은 후대에 다시 간행되기를 바랐던 기대를 이어받은 것이라 하겠다.

그리고 팔곡의 6세손 구선복(具善復, 1718~1786)에 의해 노저(鷺渚) 이양원(李陽元)의 8세손인 김천 찰방 이종영(李宗榮, 1723~?)의 도움을 받아 성주(星州)에서 1763년 목판으로 간행한 것이 중간본이다. 이 문헌들은 국립중앙도서관, 장서각, 연세대학교 도서관, 성균관대학교 도서관 등에 소장되어 있다.

〈난후조망록〉은 분권(分卷)되지 않은 1책 목판본이다. 권두에 팔곡의 자서가 있고, 초간본의 권말에는 이단하의 발문이, 중간본의

권말에는 이단하와 구선복의 발문이 있으며, 중간에는 선별한 86명
을 다시 사절(死節)·역전(力戰)·창의(倡義)·사관(死官)·보필(輔弼)·
대장(大將)·호종(扈從)·전사(戰死)·원사(冤死)·피란(避亂)·피집(被
執)·종실(宗室)·고구(故舊)·효자(孝子)·열녀(烈女)·친척(親戚)·찬
획(贊劃)으로 분류하고 끝에 성혼(成渾)을 조상한 〈곡우계(哭牛溪)〉를
수록하였다.

구사맹의 본관은 능성(綾城), 자는 경시(景時), 호는 팔곡(八谷)이
다. 한성부판윤 구수영(具壽永, 1456~1523)의 증손자, 영유현령 구희
경(1488~?)의 손자이다. 부친 감찰 구순(具淳, 1507~?)과 모친 의신군
(義信君) 이징원(李澄原)의 딸 전주이씨(全州李氏, 1506~?) 사이에서
셋째아들로 태어났다. 그의 정부인 한극공(韓克恭)의 딸 청주한씨는
무후로 죽었고, 계부인 신화국(申華國)의 딸 평산신씨는 5남5녀를
두었다. 이 가운데 5녀가 원종(元宗)의 왕비이자 인조(仁祖)의 어머니
인 인헌왕후(仁獻王后, 1578~1626)이다.

구사맹은 1549년 진사가 되고, 1558년 식년문과에 급제하여 승문
원 정자가 된 뒤, 예문관검열을 지냈다. 그 뒤로 전적·사간·정언을
거쳐 1563년 사은사(謝恩使)의 서장관으로 명나라에 다녀왔다. 이듬
해 이조 좌랑·정랑을 지내고, 사재감 정(司宰監正)으로 있다가 1567년
명종(明宗)이 죽자 빈전도감 제조(殯殿都監提調)가 되었다. 1569년
황해도 관찰사가 되고, 동부승지에 재직 중 대간(臺諫)의 탄핵을 받아
파직되었다. 1576년 다시 기용되어 동지사(冬至使)로 명나라에 다녀
왔다. 그 뒤 전라도 관찰사, 형조참의 등을 거쳐 좌부승지로 있다가
다시 대간의 탄핵을 받아 남양부사로 나갔다. 1590년 다시 좌부승지

로 기용되고 광국원종공신(光國原從功臣)에 책록되었다. 1592년 임진
왜란이 일어나자 임금을 의주로 호종하였는데, 평양에서부터 왕자를
호종한 공으로 의주 행재소에서 이조참판이 되었다. 1594년 지중추부
사가 되고, 중궁을 호위하는 재신(宰臣)으로 해주(海州)에 머물렀다가
1595년 중전을 호위하여 환도하였다. 같은 해 공조 판서가 되었다.
1596년 이몽학(李夢鶴)의 역옥(逆獄)을 추국하였다. 1597년 정유재란
이 일어나자 왕자와 후궁을 시종하여 성천(成川)으로 피난하였으며,
1598년 좌참찬, 그 뒤 이조판서 등을 거쳐 좌찬성이 되었다. 그러나
1602년 장남 구성(具宬)이 유배되자 곧 사직하였다. 1604년 경성(京城)
의 우사(寓舍)에서 죽었고, 양주(楊州) 군장리(群場里) 팔곡산(八谷山)
선영에 묻혔다.

　팔곡은 일찍이 조정에 출사하여 여러 청요직을 맡아 국사에 참여
하였는데, 왕실과의 인연이 영화롭기도 했겠지만 그의 잦은 파직은
왕실의 인척인데서 오는 부담이었던 것으로 보인다. 또한 1601년
33세의 이른 나이였던 셋째아들 구용(具容)이 먼저 세상 떠나는 참척
을 겪었고, 1602년 장남 구성(具宬)이 귀양가는 모습을 지켜보는 아
픔을 겪기도 하였다.

　요컨대, 구사맹의 〈난후조망록〉은 왜적의 침략에 따른 전란을 겪
느라 극심한 혼돈의 상태에서 1594년 관련 자료를 모아 분류와 선별
을 거쳐 다양한 계층의 인물들을 소개하고 기억하게 하였다. 또한
전란에 의해 희생된 인물들을 추념하여 애도하는 감정을 한시로 형상
화하였다. 한시의 특성상 어떤 감정을 과도하게 늘어놓지 않고 짧은
시구를 통해 간명하게 나타내었다. 다시 말해, 정제된 형식과 표현의

미감으로 애도하는 인물들의 다양한 국면을 함축적으로 전달하였다.
이는 기록성을 보다 중시하는 실기에 문학성과 예술성을 더하는 셈이
라 하겠다. 〈난후조망록〉의 이러한 특성은 문학사·사회사·전사(戰
史)·인물 연구에 귀중한 자료가 되리라 생각한다.

　이 책을 통해 16세기 말 민족수난 당시 역사적 사실에 대한 시인의
감정을 한번 정도 공감해 보며 전란의 실제와 그 참상에 대해 추념해
보는 것도 결코 나쁘지 않으리라 여긴다.

　한결같이 하는 말이지만 나름대로 최선을 다하고자 했다. 그러함
에도 불구하고 여전히 부족할 터이니 대방가의 질정을 청한다. 끝으
로 편집을 맡아 수고해 주신 보고사 가족들의 노고와 따뜻한 마음에
심심한 고마움을 표한다.

2023년 8월 빛고을 용봉골에서
무등산을 바라보며 신해진

차례

머리말 / 3
일러두기 / 16

1. 사절(死節) ·· 22
공주제독관 증이조참판 조헌 차
公州提督官贈吏曹參判趙憲【汝式】次 ······························· 22
공조참의 증예조판서 고경명 차
工曹參議贈禮曹判書高敬命【而順】次 ···························· 26
판결사 증좌찬성 김천일 차
判決事贈左贊成金千鎰【士重】次 ·································· 27
동래부사 송상현 차
東萊府使宋象賢【德求】次 ··· 29
경기순찰사 증이조판서 심대 보
京畿巡察使贈吏曹判書沈岱【公望】補 ···························· 30
경상우도 병사 증호조판서 최경회 보
慶尙右道兵使贈戶曹判書崔慶會補 ······························· 33
예조 좌랑 고종후 차
禮曹佐郎高從厚【道沖】次 ··· 34
성균관학유 증사간 류팽로 차
成均館學諭贈司諫柳彭老次 ·· 35
해미현감 정명세 보
海美縣監鄭名世【伯時】補 ··· 36
회양부사 증예조참판 김연광 차
淮陽府使贈禮曹參判金鍊光【彦精】次 ···························· 37

상운도찰방 증좌승지 남정유
祥雲道察訪贈左承旨南挺蕤 ················· 38

다대포첨사 윤흥신
多大浦僉使尹興信 ················· 39

공조좌랑 신계형
工曹佐郎申季衡 ················· 40

공조좌랑 양산숙 보
工曹佐郎梁山璹補 ················· 41

유사 이려 차
儒士李勵次 ················· 43

2. 역전(力戰) ················· 44

충청병사 증우찬성 황진 보
忠清兵使贈右贊成黃進補 ················· 44

증병조참판 장윤 보
贈兵曹參判張潤補 ················· 45

녹도만호 증북도병사 정운 보
鹿島萬戶贈北道兵使鄭運補 ················· 46

경상병사 겸 진주목사 김시민 보
慶尚兵使兼晉州牧使金時敏補 ················· 48

경상우도 병사 류숭인 보
慶尚右道兵使柳崇仁補 ················· 49

전 첨사 증병조판서 손인갑 보
前僉使贈兵曹判書孫仁甲補 ················· 50

김해부사 증병조판서 이종인 보
金海府使贈兵曹判書李宗仁補 ················· 51

거제현령 증이조판서 김준민 보
巨濟縣令贈刑曹判書金俊民補 ················· 52

경상우도 병마우후 성영달 보
慶尙右道兵馬虞候成永達補 ················· 53

태안군수 권희인 보
泰安郡守權希仁補 ················· 54

방어사 원호 차
防禦使元豪次 ················· 56

조방장 백광언과 조방방 이지시
助防將白光彦 · 助防將李之詩 ················· 57

해남현감 변응정 차
海南縣監邊應井次 ················· 58

김제군수 정담 차
金堤郡守鄭湛次 ················· 59

당진현감 송제와 결성현감 김응건 보
唐津縣監宋悌 · 結城縣監金應鍵補 ················· 60

첨지중추부사동지 승려 영규 차
僉知中樞府事贈同知僧靈珪次 ················· 61

3. 창의(倡義) ················· 62

경상우도 병사 증병조판서 김면 차
慶尙右道兵使贈兵曹判書金沔次 ················· 62

대사성 우성전 차
大司成禹性傳【景善】次 ················· 63

4. 사관(死官) ················· 65

원주목사 증이조판서 김제갑 보
原州牧使贈吏曹判書金悌甲【順初】補 ················· 65

상주목사 김해 차
尙州牧使金澥【士晦】次 ················· 66

5. 보필(輔弼) ··· 68

인성부원군 정철 차
寅城府院君鄭澈【季涵】次 ··· 68

판중추부사 익성군 홍성민 차
判中樞府事益城君洪聖民【時可】次 ······································· 70

우참찬 이산보 차
右參贊李山甫【仲擧】次 ··· 71

호조판서 이성중 차
戶曹判書李誠中【公著】次 ··· 72

좌의정 기성부원군 유홍
左議政杞城府院君兪泓【止叔】 ··· 73

병조판서 심충겸
兵曹判書沈忠謙【公直】 ··· 75

6. 대장(大將) ··· 77

유도대장 영의정 한산부원군 이양원 보
留都大將領議政漢山府院君李陽元【伯春】補 ······················· 77

7. 호종(扈從) ··· 79

한성부판윤 박숭원 차
漢城府判尹朴崇元【尙初】次 ··· 79

병조참의 황정식 차
兵曹參議黃廷式【景中】次 ··· 80

승정원우승지 류몽정 보
承政院右承旨柳夢鼎【景任】補 ··· 80

이조참의 이괵 보
吏曹參議李碅【汝震】補 ··· 81

호조좌랑 한연

　　戶曹佐郞韓淵 ···································· 82

　　지중추부사 윤우신
　　知中樞府事尹又新【善修】 ···················· 83

8. 전사(戰死) ·································· 84

　　순변사 신립 보
　　巡邊使申砬【立之】補 ·························· 84

　　수어사 신할 보
　　守禦使申硈【仲堅】補 ·························· 85

　　조방장 원임 충청도수사 유극량 보
　　助防將原任忠淸道水使劉克良【景善】補 ······ 85

9. 원사(冤死) ·································· 87

　　부원수 신각 차
　　副元帥申恪【敬仲】次 ·························· 87

10. 피란(避亂) ······························· 89

　　이조참의 박점 차
　　吏曹參議朴漸【景進】次 ························ 89

　　동지중추부사 이유인 보
　　同知中樞府事李裕仁【饒之】補 ················ 90

　　예조좌랑 구면 보
　　禮曹佐郞具㝠【公進】補 ························ 91

　　수암 박지화
　　守庵朴枝華【君實】 ···························· 91

11. 피집(被執) ······························· 94

　　조방장 문몽헌과 길주목사 이신충 차

助防將文夢軒·吉州牧使李愼忠次 ······················· 94

12. 종실(宗室) ······················· 95

원천군 이휘 차
原川君徽【士美】次 ······················· 95

태안군 이팽수
泰安君彭壽【德老】 ······················· 96

청성군 이걸
淸城君傑【士豪】 ······················· 96

13. 고구(故舊) ······················· 98

시강원보덕 정유청 차
侍講院輔德鄭惟淸【直哉】次 ······················· 98

중표제 사재감 정 김찬선
重表弟司宰監正金纘先【公緖】 ······················· 99

사포 김시
司圃金禔【季綏】 ······················· 99

14. 효자(孝子) ······················· 101

유사 김상건
儒士金象乾 ······················· 101

생원 류몽웅
生員柳夢熊【子祥】 ······················· 102

유사 오경천
儒士吳敬天 ······················· 103

유사 성박·성이 형제
儒士成博·成怡兄弟 ······················· 104

아전 집 아이 이예남

吏家兒李禮男 ··· 104

15. 열녀(烈女) ··· 106

충의위 이경유 아내 원씨
忠義衛李慶濡妻元氏 ··· 106

유생 조지범 아내 권씨
儒生趙之範妻權氏 ··· 107

유생 이욱 아내 김씨 차
儒生李勗妻金氏次 ··· 108

유생 이종택 아내 박씨 및 그 서얼 여동생 처자 휘양
儒生李宗澤妻朴氏及其庶妹處子輝陽 ················· 109

평양부 교비 최진
平壤府校婢崔進 ··· 110

16. 친척 팔가(親戚八歌) ······································· 112

동생 청안현감 구사민
舍弟淸安縣監思閔【景閭】 ································· 112

둘째 형수인 중형 진사 아내 황씨
第二嫂仲兄進士妻黃氏 ······································ 114

셋째 누나인 경기도사 정담 아내 구씨
第三姊京畿都事鄭礑妻具氏 ····························· 117

조카 예조좌랑 구면
猶子禮曹佐郎勔【公進】 ··································· 119

외사촌형 군기시 정 이순수
內兄軍器寺正李順壽【正老】 ···························· 121

처남 선공감 감역 신급
婦弟繕工監監役申礏【仲峻】 ···························· 123

처남 순변사 지중추부사 신립

婦弟巡邊使知中樞府事申砬【立之】 ··· 126
처남 수어사 원임 함경남도병사 신할
婦弟守禦使原任咸鏡南道兵使申硈【仲堅】 ································ 128

17. 찬획(贊畵) ··· 131
세 종사관 노래
三從事歌 ··· 131

18. 명유(名儒) ··· 137
우계를 조상하다
哭牛溪 ··· 137

팔곡선생 조망록 발 1 ··· 139
　　　　　　　　발 2 ··· 142

[참고 자료] 팔곡집 발문 ··· 145

찾아보기 / 148
난후조망록 영인자료 / 222

일러두기

이 책은 다음과 같은 요령으로 엮었다.

01. 번역은 직역을 원칙으로 하되, 가급적 원전의 뜻을 해치지 않는 범위 내에서
    호흡을 간결하게 하고, 더러는 의역을 통해 자연스럽게 풀고자 했다.
02. 원문은 저본을 충실히 옮기는 것을 위주로 하였으나, 활자로 옮길 수 없는
    古體字는 今體字로 바꾸었다.
03. 원문표기는 띄어쓰기를 하고 句讀를 달되, 그 구두에는 쉼표(,), 마침표
    (.), 느낌표(!), 의문표(?), 홑따옴표(' '), 겹따옴표(" "), 가운데점(·)
    등을 사용했다.
04. 주석은 원문에 번호를 붙이고 하단에 각주함을 원칙으로 했다. 독자들이 사전을
    찾지 않고도 읽을 수 있도록 비교적 상세한 註를 달았다.
05. 주석 작업을 하면서 많은 문헌과 자료들을 참고하였으나 지면관계상 일일이
    밝히지 않음을 양해바라며, 관계된 기관과 여러분께 진심으로 감사드린다.
06. 이 책에 사용한 주요 부호는 다음과 같다.
    ( ) : 同音同義 한자를 표기함.
    [ ] : 異音同義, 出典, 교정 등을 표기함.
    " " : 직접적인 대화를 나타냄.
    ' ' : 간단한 인용이나 재인용, 또는 강조나 간접화법을 나타냄.
    〈 〉 : 편명, 작품명, 누락 부분의 보충 등을 나타냄.
    「 」 : 시, 제문, 서간, 관문, 논문명 등을 나타냄.
    《 》 : 문집, 작품집 등을 나타냄.
    『 』 : 단행본, 논문집 등을 나타냄.
07. 이 책과 관련된 안내 사항은 다음과 같다.
    • 강지희, 「漢詩에 형상화된 壬辰倭亂, 그 항쟁과 수난의 양상」, 『대동한문학』
      73, 대동한문학회, 2022.

난후조망록

亂後吊亡錄

난후조망록 서

갑오년(1594) 가을 내가 수양(首陽: 해주)에 있을 때, 하루는 약옹(藥翁: 李海壽)이 임시로 거처하는 곳에 방문하니 그가 지은 〈난후조망록(亂後弔亡錄: 亂後悼亡錄인 듯)〉을 꺼내 보여주었고 또 같이 짓기를 청하였다. 내가 그것을 받아 읽으니, 대개 난리를 겪은 이래 행적이 눈에 띄도록 두드러져 기록할 만한 사람 28명을 뽑고 시를 지어 애도한 것으로 충성스런 어진 이를 칭송하고 널리 알려서 야박한 풍속을 쇄신하려는 뜻이 지극하였다. 나는 글재주가 거칠고 졸렬한 것으로 사양할 수가 없어 그의 시에 차운하고 미처 실리지 않은 32명을 다시 뽑아, 좋지 못한 시문으로라도 좋은 시문을 이어 한 편을 완성해 빠진 인물들을 보충한 뒤에 표목(標目: 표제어)을 14개로 만들어서 약옹에게 주어 바로잡도록 청하니, 약옹이 보고서 고개를 끄덕이는지라 더욱 자신이 생겨 여러 유형의 인물을 선택하는데 있어 구차하게 하지 않았다. 그 후에 다시 26명을 보태고 시를 지어 표목을 17개로 증보해 한 편으로 엮었다.

약간 수(首)를 모은 시의 제목 아래에 차(次)라고 쓴 것은 약옹이 먼저 짓고 그 시에 차운한 것이다. 보(補)라고 쓴 것은 수록되지 않았던 것으로 빠진 시를 보충한 것이다. 빈 채로 적은 바가 없는 것은 나의 개인적인 슬픈 일에 관계되거나 약옹이 미처 보지 못한 것이어서 차서(次序)를 따르지 않은 것이다. 말미에 또 팔가(八歌)를 이어 쓴 것은 친척이 불행하게도 재앙을 만나서 마음이 아픈 것으로 너무나 비통한 시사(詩詞)이다. 오호라! 어찌 차마 말로 할 수 있겠는가? 이해 11월 상순에 곡옹(谷翁: 구사맹)이 쓰다.

亂後吊亡錄序

甲午秋, 余在首陽¹, 一日, 訪藥翁²於僑居³之室, 出示其所題〈亂後吊亡錄〉, 且要同作. 余受而讀之, 則蓋取喪亂以來表表⁴可記者二十八人, 作詩以哀之, 其所以褒獎忠賢·激勵偸俗之意, 至矣. 余不可以荒拙辭, 旣次其韻, 復採其所未及載錄者三十二人, 續貂⁵成篇, 用補其缺, 仍加標目, 分爲十四, 以求正于藥翁, 藥翁見而頷之, 則益自信, 其品彙取捨之不苟也. 後又添賦二十六人, 增標目爲十七, 萃爲一編. 共若干首, 題下書次者, 藥翁先題而次其韻者也. 書補者, 其所未錄而補其缺者也. 空無所書者, 係余私

---

1 首陽(수양): 황해도 海州의 옛 이름. 해주의 북쪽에 首陽山이 있어 붙여진 이름이다.

2 藥翁(약옹): 李海壽(1536~1599)를 가리킴. 본관은 全義, 자는 大中, 호는 藥圃·敬齋. 1563년 생원으로 알성 문과에 급제하여 곧 검열이 되고, 이어 설서·봉교 등을 역임하였다. 그 뒤 응교·동부승지·호조참의·대사간·병조참의·공조참의를 역임하고 1582년 聖節使로 명나라에 다녀왔다. 그는 서인으로 1583년에 도승지가 되었으나 동인에 밀려 여주목사로 좌천되었다. 1587년에 충청도관찰사로 나갔다가 다시 대사간이 되고, 다시 여주목사로 밀려났다. 그해 서인 鄭澈이 세자책봉 건의 문제에 연루되어 종성으로 유배되었다. 1592년 임진왜란이 일어나자 유배지에서 풀려나와 왕을 의주로 호종하였다. 이어 대사간이 되었다가 1594년에 대사성을 거쳐 부제학에 이르렀다.

3 僑居(교거): 寓居. 벼슬에서 물러나 寓居하거나 임시로 거처하는 곳.

4 表表(표표): 두드러져 눈에 띰.

5 續貂(속초): 狗尾續貂. 담비의 꼬리가 부족하여 개의 꼬리로 장식했다는 말. 훌륭한 시문에 좋지 못한 시문을 잇는다는 뜻이다.

感, 或藥翁未及見, 而不次者也。尾又繼之以八歌, 則傷親戚之不
幸罹禍, 悲慟迫切之詞也。嗚呼! 尙忍言哉?

是歲仲冬上澣 谷翁識

1. 사절(死節)

공주제독관 증이조참판 조헌 차
公州提督官贈吏曹參判趙憲[1]【汝式】次

제독 조헌은 호서에서 대의를 부르짖어 문도를 이끌고 곧바로 금산
의 적진으로 쳐들어가 대치하며 힘껏 싸웠으나 아비와 아들이 함께

---

1 趙憲(조헌, 1544~1592): 본관은 白川, 자는 汝式, 호는 重峯·陶原·後栗.
1565년 성균관에 입학했으며, 1567년 식년문과에 급제하였다. 1568년 처음으로
관직에 올라 정주목·파주목·홍주목의 교수를 역임하면서 士風을 바로잡았다.
1572년부터 교서관의 정자·저작·박사를 지내면서, 궁중의 佛寺封香에 반대하
는 疏를 올려 국왕을 진노하게 하였다. 1575년부터 호조·예조의 좌장, 성균관
전적·사헌부감찰을 거쳐, 경기도 통진 현감으로 있을 때, 內奴의 횡행죄를 엄히
다스리다 죽인 죄로 탄핵을 받아 부평으로 귀양갔다가 3년 만에 풀려났으며,
다시 공조 좌랑·전라도 도사·宗廟署令을 역임하였다. 1582년 계모를 편히 모
시기 위하여 보은 현감을 자청하여 나갔다가 대간의 모함에 따른 탄핵을 받아
파직되었다가, 다시 公州牧提督을 지냈다. 1587년 鄭汝立의 흉패함을 논박하
는 萬言疏를 지어 縣道上疏하는 등 5차에 걸쳐 상소문을 올렸으나 모두 받아들
여지지 않았다. 다시 일본 사신을 배척하는 소와 李山海가 나라를 그르침을 논
박하는 소를 대궐문 앞에 나아가 올려 국왕의 진노를 샀다. 관직에서 물러난
뒤 옥천군 안읍밤티(安邑栗峙)로 들어가 後栗精舍라는 서실을 짓고 제자 양성
과 학문을 닦는 데 전념하였다. 1589년 持斧上疏로 時弊를 극론하다가 길주
嶺東驛에 유배되었으나, 이 해 정여립의 모반사건으로 동인이 실각하자 풀려났
다. 1591년 일본의 도요토미(豊臣秀吉)가 玄蘇 등을 사신으로 보내어 명나라를
칠 길을 빌리자고 하여, 조정의 상하가 어찌할 바를 모르고 있을 때, 옥천에서
상경, 지부상소로 대궐문 밖에서 3일간 일본 사신을 목 벨 것을 청했으나 받아들
여지지 않았다. 1592년 임진왜란이 일어나자 옥천에서 의병을 일으켜 영규 등
승병과 합세해 청주를 탈환하였다. 이어 전라도로 향하는 왜군을 막기 위해 금산
전투에서 분전하다가 의병들과 함께 모두 전사하였다.

죽었으니 사람들이 모두 장하게 여겼다. 적의 정예군 또한 거의 죽었는
데 뒷날 진영을 버리고 달아났으니, 이 전투가 실로 그 길을 연 것이다.

趙提督憲, 倡義湖西, 率其門徒, 直入錦山²賊陣, 對壘力戰, 父子³
同死, 人皆壯之。賊之精銳亦殆盡, 後日棄營而遁, 此戰實啓之也。

충신을 굴원처럼 아는 자 누구랴
이 마음 난리를 당해 변치 않았네.
남아 한번 죽음은 진정 여사거니
다행히 바로 성상의 지우 입었네.

忠似靈均⁴識者誰　　此心臨難不曾移
男兒一死眞餘事　　唯幸方紆聖主知

세상만사 어지러우니 누구에게 얘기할까
외로운 절개 뭇사람 비방에도 변치 않네.

2　錦山(금산): 충청남도의 남동부에 있는 고을. 동쪽은 충청북도 영동군, 서쪽은
　　논산시 및 전라북도 완주군, 남쪽은 전라북도 무주군과 진안군, 북쪽은 대전광
　　역시와 충청북도 옥천군 등과 접한다. 조헌은 1592년 8월의 제2차 금산전투에서
　　일본과 싸우다가 전사하였다.

3　부자(父子): 趙憲과 趙完基(1570~1592)를 가리킴. 조완기는 1592년 임진왜란
　　이 일어나자 충청도 옥천에서 의병을 일으킨 아버지를 따라 종군하였는데, 금산
　　의 전투에서 전세가 불리하자 관복으로 갈아 입고 아버지와 함께 끝까지 싸우다
　　가 전사하였다.

4　靈均(영균): 전국시대 초나라 충신 굴원의 자. 그가 지은 〈離騷〉의 "돌아가신
　　아버님이 나의 이름을 정칙이라고 지어 주셨고, 자를 영균이라고 지어 주셨다.
　　(名余曰正則兮, 字余曰靈均.)"에서 나오는 말이다.

수양성이 마침내 강회의 보장되었어도
중흥의 으뜸 공업 세상이 알 리 있을까.
萬事紛紛說向誰　　　孤貞不爲衆非移
睢陽[5]竟作江淮障　　功首中興世莫知

나랏일 꾀하던 당시 누구에게 의지했나
정승들이 곧바로 칼끝을 따라 움직이네.
상소문이 늠름해 적을 위협할 만했거늘
당시 일찍 알지 못한 것이 몹시 한스럽네.
謀國當年屬阿誰　　　金甌[6]直向劍頭移
封章[7]凜凜堪威敵　　剛恨時人不早知

일찍이 상소하여 평의지(平義智)·현소(玄蘇)의 머리를 베어 함에 넣어서 천조(天朝: 명나라)로 보내도록 청하였는데, 모두 왜인으로 권세를 부리며 본국에 사신 온 자들이었다.

嘗上疏, 請斬平義智[8]·玄蘇[9]之首, 函送天朝, 皆倭之用事[10]來使

5　睢陽(수양): 睢陽城. 安祿山의 난 때 당나라 명신 張巡과 許遠이 고립부원의
　　상황에서도 몇 개월 동안이나 안녹산 군대에 항거하다가 성이 함락되어 장렬하
　　게 순절하였던 곳. 수양성을 강회의 保障이라고 하였다.
6　金甌(금구): 정승을 가리키는 말. 당나라 玄宗이 재상을 뽑을 사람의 이름을 미
　　리 써서 금구, 즉 금으로 된 사발로 덮어 놓았다는 고사에서 유래하였다.
7　封章(봉장): 왕에게 봉함하여 上奏하는 글.
8　平義智(평의지, 1568~1615): 일본 대마도 제18대 島主. 宗義智로도 표기된다.
　　小西行長(고니시 유키나가, ?~1600)의 사위이자 平秀吉의 심복이었다.
9　玄蘇(현소, ?~1612): 하카다[博多] 세이후쿠사[聖福寺]에서 승려 생활을 하던

本國者也。

흉적을 곧장 공격할 이 누가 또 있어
몸 바쳐 어찌 다시 공문서 기다리랴.
다만 대의에 따라 실로 터득했으런만
많은 적이 앞에 닥칠 줄 도무지 몰랐네.
直擣兇鋒更有誰　　忘身寧復待文移[11]
只緣大義實看得　　萬刃當前都不知

성에 틀어박혀 그대 무엇했느냐 물으면
사반세기 공연히 흘러보냈음을 놀라네.
차마 애사에 화답하여 권말에 어찌 쓰랴
노부가 아는 사이라 통곡 그칠 줄 모르네.
龍城[12]一問子爲誰　　二紀[13]空驚歲月移

중 대륙 침략의 야심을 품은 도요토미 히데요시[豊臣秀吉]의 부름을 받아 그
수하로 들어간 인물. 1588년 조선에 드나들며 자국의 내부 사정을 설명하고,
일본과 修好관계를 맺고 通信使를 파견하라고 요청하였다. 1590년 정사 黃允
吉, 부사 金誠一, 서장관 許筬 등의 통신사 일행이 일본의 실정과 도요토미의
저의를 살피기 위하여 일본으로 갈 때 동행하였으며, 이듬해 다시 입국하여 조선
의 국정을 살피고 도요토미의 명나라 침공을 위한 교섭활동을 하였다. 1592년
임진왜란이 일어나자 고니시 유키나가[小西行長]가 이끄는 선봉군에 國使와 역
관 자격으로 종군하였다. 이후 임진강을 사이에 두고 조선과 명나라의 연합군과
대치할 때 일본측 고니시의 제의로 이루어진, 中樞芬知事 李德馨 등과의 강화
회담에 참여하는 등 일본의 전시외교 활동에 종사하였다.
10 用事(용사): 用權. 권세를 부림. 권세를 휘두름.
11 文移(문이): 行文移牒의 준말. 官文書를 발송하여 照會하는 것.

忍和哀詞題卷後　　老夫非止哭相知

공조참의 증예조판서 고경명 차
工曹參議贈禮曹判書高敬命[14]【而順】次

임진년 호남에서 의병을 일으켜 7월에 금산의 적진 속으로 쳐들어
가 동지들과 힘껏 싸우다가 죽었다.

壬辰歲, 倡義湖南, 七月, 入錦山賊陣, 與同志力戰而死。

---

12 龍城(용성): 성에 틀어박힘. 틀어박혀 나오지 않음.

13 二紀(이기): 24년.

14 高敬命(고경명, 1533~1592): 본관은 長興, 자는 而順, 호는 苔軒·霽峯. 아버
지는 대사간 高孟英이며, 어머니는 진사 徐傑의 딸이다. 1552년 진사가 되었고,
1558년 식년문과에 장원으로 급제해 成均館 典籍에 임명되고, 이어서 공조 좌
랑이 되었다. 그 뒤 홍문관의 부수찬·부교리·교리가 되었을 때 仁順王后의 외
숙인 이조판서 李樑의 전횡을 논하는 데 참여하고, 그 경위를 이량에게 몰래
알려준 사실이 드러나 울산군수로 좌천된 뒤 파직되었다. 1581년 영암군수로
다시 기용되었으며, 이어서 宗系辨誣奏請使 金繼輝와 함께 書狀官으로 명나라
에 다녀왔다. 이듬해 서산군수로 전임되었는데, 明使遠接使 李珥의 천거로 從
事官이 되었으며, 이어서 종부시첨정에 임명되었다. 1590년 承文院判校로 다
시 등용되었으며, 이듬해 동래부사가 되었으나 서인이 실각하자 곧 파직되어
고향으로 돌아왔다. 1592년 임진왜란이 일어나 서울이 함락되고 왕이 의주로
파천했다는 소식을 전해 들은 그는 각처에서 도망쳐 온 官軍을 모았다. 두 아들
高從厚와 高因厚로 하여금 이들을 인솔, 수원에서 왜적과 항전하고 있던 廣州
牧使 丁允佑에게 인계하도록 했다. 전라좌도 의병대장에 추대된 그는 종사관에
柳彭老·安瑛·楊大樸, 募糧有司에 崔尙重·楊士衡·楊希迪을 각각 임명했다.
그러나 錦山전투에서 패하였는데, 후퇴하여 다시 전세를 가다듬어 후일을 기약
하자는 주위의 종용을 뿌리치고 "패전장으로 죽음이 있을 뿐이다."고 하며 물밀
듯이 밀려오는 왜적과 대항해 싸우다가 아들 인후와 류팽로·안영 등과 더불어
순절했다.

문장 지어 흠모했었던 기절 유독 우뚝해

절개로 죽으니 슬픔 견딜 줄 뉘 알았으랴.

적의 예봉 꺾은 혈전이 회복의 기틀 마련해

그 전공 의논하여 정하니 당대 으뜸이라네.

摛藻[15]曾欽獨擅奇　　　誰知死節更堪悲

摧鋒血戰基恢復　　　論定功當蓋一時

판결사 증좌찬성 김천일 차
判決事贈左贊成金千鎰[16]【士重】次

계사년(1593) 7월에 진주가 적에게 함락되었고, 창의사 김천일이

---

15 摛藻(이조): 수식을 늘여 놓은 화려한 문장.

16 金千鎰(김천일, 1537~1593): 본관은 彦陽, 자는 士重, 호는 健齋·克念堂. 1578년 任實縣監을 지냈다. 임진왜란 때 나주에 있다가 高敬命·朴光玉·崔慶會 등에게 글을 보내 倡義起兵할 것을 제의하는 한편, 담양에서 고경명 등과도 협의하였다. 그 뒤 나주에서 宋濟民·梁山璹·朴懽 등과 함께 의병의 기치를 들고 의병 300명을 모아 북쪽으로 출병하였다. 한편, 공주에서 趙憲과 호서지방 의병에 관해 협의하고는 곧 수원에 도착하였다. 북상할 때 수원의 연도에서 스스로 의병에 참가한 자와 또 호서방면에서 모집한 숫자가 크게 늘어나자 군세는 사기를 떨쳤다. 수원의 禿城山城을 거점으로 본격적인 군사 활동을 전개, 유격전으로 개가를 올렸다. 특히, 金嶺戰鬪에서는 일시에 적 15명을 참살하고 많은 전리품을 노획하는 대전과를 올렸다. 8월 전라병사에 崔遠의 관군과 함께 강화도로 진을 옮겼다. 이 무렵 조정으로부터 倡義使라는 軍號를 받고 掌禮院判決事에 임명되었다. 강화도에 진을 옮긴 뒤 강화부사·전라병사와 협력해 연안에 防柵을 쌓고 병선을 수리해 전투태세를 재정비하였다. 강화도는 당시 조정의 명령을 호남·호서에 전달할 수 있는 전략상의 요충지였다. 9월에는 通川·陽川 지구의 의병까지 지휘했고 매일같이 강화 연안의 적군을 공격했으며, 양천·김포 등지의 왜군을 패주시켰다. 한편, 전라병사·경기수사·충청병사, 秋義兵將

죽었다.

癸巳七月, 晉州爲賊所陷, 倡義使金千鎰死之。

평생을 두고 성상의 지우를 갚으려 하여
하늘 떠받치나 힘 모자라니 끝내 어찌할꼬.
살신성인을 다만 끝내 내 뜻으로 삼았을 뿐
큰 공적 죽백에 드리우는 것 상관치 않았네.

欲報平生聖主知　　擎天力小竟何爲
成仁但取終吾志　　功烈非關竹帛垂

禹性傳 등의 관군 및 의병과 합세해 楊花渡戰鬪에서 대승을 거두었다. 또한, 일본군의 圓陵 도굴 행위도 막아 이를 봉위하기도 하였다. 다음해인 1593년 정월 명나라 군대가 평양을 수복, 개성으로 진격할 때 이들의 작전을 도왔으며, 명·일간에 강화가 제기되자 반대 운동을 전개하였다. 서울이 수복되어 굶주리는 자가 속출하자 배로 쌀 1,000석을 공급해 구휼하였다. 전투에서도 경기수사·충청수사와 함께 仙遊峯 및 沙峴戰鬪에서 다수의 적을 참살, 생포하고 2월에는 權慄의 행주산성 전투에 강화도로부터 출진해 참가하였다. 이들 의병은 강화도를 중심으로 장기간의 전투에서 400여 명의 적을 참살하는 전공을 세웠다. 1593년 4월 왜군이 서울에서 철수하자 이를 추격, 상주를 거쳐 함안에 이르렀다. 이 때 명·일강화가 추진 중인데도 불구하고 남하한 적군의 주력은 경상도 밀양 부근에 집결, 동래·김해 등지의 군사와 합세해 1차 진주싸움의 패배를 설욕하기 위한 진주성 공격을 서두르고 있었다. 이에 6월 14일 300명의 의병을 이끌고 입성하자 여기에 다시 관군과 의병이 모여들었다. 합세한 관군·의병의 주장인 都節制가 되어 항전 태세를 갖추었다. 10만에 가까운 적의 대군이 6월 21일부터 29일까지 대공세를 감행하자 아군은 중과부적임에도 분전했으나 끝내 함락되고 말았다. 이에 아들 金象乾과 함께 촉석루에서 南江에 몸을 던져 순사하였다.

동래부사 송상현 차
東萊府使宋象賢[17]【德求】次

시문에 능한 데다 식견과 도량까지 갖추어서 사람들 다수가 재상
이 될 것으로 기대하였다. 동래부에 있다가 변란 소식을 듣고서 즉시
군사들을 모아 굳게 지킬 계획을 세웠지만, 적이 성을 넘어오자 죽음
을 면치 못할 줄 알고는 갑옷을 입은 채로 관대를 바르게 하고 의자에
걸터앉아 있다가 적을 보고서 크게 꾸짖었으나 끝내 적에게 해를
당했다. 적장 또한 그의 충의를 알아보고 성 밖에서 시신을 염습하여
관에 넣어주었다.

能詩文有器度, 人多以公輔[18]期之。在東萊[19]聞變, 卽聚軍爲固
守之計, 及賊踰城, 知不免, 衷甲[20]正冠帶, 據胡床而坐, 見賊大罵,
爲卒倭所害。賊酋亦知其忠義, 棺斂城外。

격분하여 늠름히 흉적 꾸짖기가 추상같았고
홀로 의자에 앉아 당에서 내려오지 않았네.

---

17 宋象賢(송상현, 1551~1592): 본관은 礪山, 자는 德求, 호는 泉谷·寒泉. 1570
    년 진사에, 1576년 別試文科에 급제하여 鏡城判官 등을 지냈다. 1584년 宗系辨
    誣使의 質正官으로 명나라에 다녀왔다. 귀국 뒤 호조·예조·공조의 正郞 등을
    거쳐 東萊府使가 되었다. 임진왜란이 일어나 왜적이 동래성에 쳐들어와 항전했
    으나 함락되게 되자 朝服을 갈아입고 단정히 앉은 채 적병에게 살해되었다. 충
    절에 탄복한 敵將은 詩를 지어 제사지내 주었다.
18 公輔(공보): 임금을 보좌하는 신하인 三公과 四輔. 곧 재상을 일컫는다.
19 東萊(동래): 東萊府. 부산광역시 동래구 지역을 중심으로 편성되었던 조선시대
    의 관청이자 행정구역. 1592년 임진왜란이 일어난 직후 동래현으로 강등되었다
    가 1599년 다시 동래부로 승격되었다.
20 衷甲(충갑): 평상복 속에 갑옷을 입는 것.

굳센 넋이 장순 따라 여귀 되기를 정하니
곧은 이름 응당 관우와 짝하여 기억 되리라.

兇酋奮罵凜如霜　　獨據胡床不下堂
毅魄定隨巡作厲²¹　貞名應配關²²流芳

경기순찰사 증이조판서 심대 보
京畿巡察使贈吏曹判書沈岱²³【公望】補

변란 초기에 보덕이 되어 대가가 개성부에 이르자 이때의 상황이
어떻게 할 겨를도 없이 매우 급박하니, 심대가 자원하여 양호로 가서
수신(帥臣: 절도사)을 독려하여 들어와서 구원하도록 하겠다며 청하
고는 강화에서 배를 타고 갔다가 복명하였다. 주상이 특별히 당상관

---

21 作厲(작여): 여귀가 됨. 厲鬼는 불행하고 억울한 죽음을 당했거나 제사를 지낼
   후손을 남기지 못하고 죽어 전염병과 같은 해를 일으킨다고 여겨지는 귀신. 원통
   함과 억울함, 외로움으로 怨氣가 쌓여 병을 일으키고 和氣를 상하게 해서 變怪
   를 초래한다고 여겨졌다. 당나라 때 張巡이 수양성을 지키다가 함락되어 적에게
   죽으면서, "나는 죽어서 여귀가 되어 적을 죽이겠다.(死當爲厲鬼以殺賊.)"라고
   한 바 있다.
22 配關(배귈): 配關의 오기인 듯. 關羽는 후한의 무장으로 촉한 건국에 지대한
   공로를 세운 인물. 충성심과 의리의 화신으로 널리 회자되었다.
23 沈岱(심대, 1546~1592): 본관은 靑松, 자는 公望, 호는 西墩. 1572년 춘당대문
   과에 급제, 홍문관에 들어가 정자 등을 지냈고, 1584년 지평에 이르렀다. 1592
   년 임진왜란이 일어나자 輔德으로서 근왕병 모집에 힘썼다. 그 공로로 왕의 신
   임을 받아 우부승지·좌부승지를 지내며 승정원에서 왕을 가까이에서 호종하였
   다. 왜군의 기세가 심해지면서 선조를 호종하여, 평양에서 다시 의주로 수행하
   였다. 같은 해 9월 權徵의 후임으로 경기도관찰사가 되어 서울 수복작전을 계획
   하였는데, 왜군의 야습을 받아 전사하였다.

에 제수하여 곧 이어 가선대부(嘉善大夫)로 승진시켜 경기 순찰사로 삼았다. 심대가 부임하고 나서 원근의 군사들을 불러 모으고 기계를 거두어 모으니 경성 안의 사람들이 많이 귀의하여, 적이 듣고서 두려워하고 꺼렸다.

심대가 삭녕에서 잠자리에 누워 일어나지도 않았는데, 적들이 돌진해 와서 끝내 해를 입고 산골짜기에 묻혔다. 적이 다시 무덤을 파헤쳐 그의 머리를 가지고 가서 종가(鍾街: 종로)에 매달아 두었는데, 양주 목사(楊州牧使) 고언백이 머리를 거두어 그의 집에 돌려주었다.

애초 경성에 사는 성여해가 자기 누이를 왜장에게 시집 보내놓고도 겉으로는 내응을 하면서 군관으로 삼아 달라고 하여 심대가 믿었었는데, 이때에 이르러 적을 이끌고 몰래 와서 해친 것이다. 나중에 성여해는 끝내 주벌되었다.

變初爲輔德[24], 大駕到開城府, 時事倉皇[25], 岱請自往兩湖, 督帥臣[26]入援, 自江華乘船以往, 復命[27]。特授堂上, 旋陞嘉善, 巡察京畿。既赴, 招募遠近, 收聚器械, 京中人多歸之, 賊聞而畏忌。在朔寧[28]臥未起, 賊突至遂遇害, 收瘞[29]山谷。賊復掘發, 取其頭而去, 懸于鍾街, 楊牧高彦伯[30], 取還其家。初, 京居成汝諧[31], 嫁其

---

24 輔德(보덕): 조선시대 세자시강원에서 세자를 가르치던 관직.
25 倉皇(창황): 어떻게 할 겨를도 없이 매우 급함.
26 帥臣(수신): 兵使와 水使를 아울러 일컫던 말.
27 復命(복명): 명령 받은 일을 집행하고 나서 그 결과를 보고함.
28 朔寧(삭녕): 경기도 연천과 강원도 철원 지역의 옛 지명.
29 收瘞(수예): 시체를 거두어 묻는 것.
30 高彦伯(고언백, ?~1608): 본관은 濟州, 자는 國弼, 호는 海藏. 1592년 임진왜

妹于倭將, 陽爲內應, 求爲軍官, 岱信之, 至是, 引賊潛來以害之。
後汝潛竟伏誅。

임금 욕되자 간서를 겁내는 사람이 없거늘
신세 잊고 권세 부리며 편히 지낼 것인가?
징병되어 돛 달고 멀리 떠남 꺼리지 않으니
부월 잡고서 포진을 거듭 걱정한 상소이네.
主辱無人畏簡書[32]   忘身焉用事安居
徵兵不憚懸帆遠   杖鉞[33]重憂布陣疏

예락하 죽이지 못한 죄 어찌 얕았으랴만

란이 일어나자 助防將이라는 칭호를 받았고, 7월 24일 楊州牧使에 제수되어
장사를 모집하여 산속 험준한 곳에 진을 치고 복병하였다가 왜병을 공격하여
전과를 크게 올렸다. 태릉이 한때 왜군의 침범을 받았으나 고언백의 수비로 여러
능이 잘 보호될 수 있었다. 이에 왕이 공을 칭찬하고 관급을 더 올려 경기도방어
사가 되었다. 또, 내원한 명나라 군사를 도와 서울 탈환에 공을 세우고 경상좌도
병마절도사로 승진하였으며, 정유재란 때는 경기도방어사가 되어 전공을 크게
세웠고, 난이 수습된 뒤 濟興君에 봉하여졌다. 1608년 광해군이 왕위에 올라
臨海君을 제거할 때, 임해군의 심복이라 하여 살해되었다.

31 成汝潛(성여해):《樊巖先生集》권48〈神道碑·贈大匡輔國崇祿大夫議政府領
    議政靑原府院君行嘉善大夫京畿觀察使沈忠壯公神道碑銘〉에는 成汝譜로 되
    어 있음.

32 簡書(간서): 임금이 장수를 전장에 내보낼 때에 내리는 명령서.《詩經》〈出車〉
    의 "그 어찌 돌아갈 맘 없으리오만, 이 간서를 두려워하여서라오.(豈不懷歸, 畏
    此簡書.)"에서 나오는 말이다. 周나라 장수가 천자의 명을 받들어 玁狁을 정벌
    하여 평정하고 돌아오면서 부른 노래라 한다.

33 杖鉞(장월): 도끼를 잡음. 옛날 장수가 출정할 때에 임금이 장수에게 이것을 내
    려 주어 兵權의 위임을 표시했던 데서 나온 말이다.

관운장 먼저 패한 이유는 어떻게 하겠는가?
그 누구라서 중승의 피를 빨아 마셨던가
묻혔다가 다시 죽음 겪고도 온전히 돌아왔네.
曳落³⁴未亡謀豈淺　　雲長先敗³⁵理何如
伊誰吮着中丞³⁶血　　收瘞還全再死餘

경상우도 병사 증호조판서 최경회 보
慶尙右道兵使贈戶曹判書崔慶會³⁷補

문무의 재능이 있었으니 대의를 부르짖어 의병을 일으켰는데, 호
남에서 영남에 이르렀다가 적을 만나 예봉이 꺾이고 마침내 진주에서
죽었다.
有文武才, 倡義擧兵, 自湖抵嶺, 遏賊挫銳, 卒死晉州。

---

34 曳落(예락); 曳落河. 回鶻말로 위글족의 健兒를 말함. 여기서는 강성한 외적
　　곧 왜군을 지칭한다.
35 雲長先敗(운장선패): 劉備는 荊州에서 패한 뒤, 孫權과 동맹을 맺어 적벽에서
　　조조의 대군을 격파하였지만, 형주를 둘러싸고 손권과 대립하다 형주의 동부
　　지역을 양보하였는데, 형주에 있던 관우가 위나라 曹仁의 번성을 공격하다가
　　손권에게 배후를 찔려 참수당하고 형주를 빼앗겨 버린 것을 일컬음.
36 中丞(중승): 御史臺. 사헌부 관원의 별칭.
37 崔慶會(최경회, 1532~1593): 본관은 海州, 자는 善遇, 호는 三溪·日休堂·전
　　라남도 陵州 출신이다. 1561년 進士가 되고, 1567년 式年文科에 급제, 寧海郡
　　守가 되었다. 1592년 임진왜란 때 의병장이 되어 錦山·茂州 등지에서 왜병과
　　싸워 크게 전공을 세워 이듬해 경상우도 兵馬節度使에 승진했다. 그해 6월 제2
　　차 晉州城 싸움에서 9주야를 싸우다 전사했다.

재주가 문무를 갖추어 남들보다 뛰어나고
대의 부르짖어 거병하려는 뜻 또한 높네.
흉적 칼날 얼마나 짓밟고 한 방면 감당하여
몸 돌보지 않고서 다시 쓰러진 깃발 세웠나.

才全文武出凡曹　　倡義興師志亦高
幾蹴兇鋒當一面　　殺身還復委旌旄

예조 좌랑 고종후 차
禮曹佐郞高從厚[38]【道沖】次

고경명의 아들이다. 임금과 아버지의 복수를 갚고자 의병을 일으
켜 적을 토벌하다가 진주에서 전사하였다.

敬命子也。欲復君父之讐, 起兵討賊, 死於晉州。

충효가 당당하니 하늘에 부끄럽지 않아
오직 개돼지 비린내 씻을 일념뿐이었네.
큰 원수 갚지 못하면 산들 무슨 소용이랴

---

38 高從厚(고종후, 1554~1593): 본관은 長興, 자는 道沖, 호는 隼峰. 光州 출신.
형조좌랑 高雲의 증손으로, 할아버지는 호조참의 高孟英, 아버지는 의병장 高
敬命이다. 1570년 진사가 되고, 1577년 별시 문과에 급제하여 臨陂 縣令에 이르
렀다. 1592년 임진왜란 때 아버지 고경명을 따라 의병을 일으키고, 錦山싸움에
서 아버지와 동생 高因厚를 잃었다. 이듬해 다시 의병을 일으켜 스스로 復讐義
兵將이라 칭하고 여러 곳에서 싸웠고, 위급해진 진주성에 들어가 성을 지켰으며
성이 왜병에게 함락될 때 金千鎰·崔慶會 등과 함께 南江에 몸을 던져 죽었다.

용맹과 결단은 원래 만전책 기다리지 않네.

忠孝堂堂不愧天　　惟思一洗犬羊羶

大讐未復生何用　　勇決元非待萬全

성균관학유 증사간 류팽로 차
成均館學諭贈司諫柳彭老[39]次

임진왜란이 발발했음을 듣고서 처자식과 결별하고 고경명을 따라 적을 토벌하러 갔다. 금산의 전투에서 포위망을 뚫고 급히 몇 리를 탈출하다가 대군이 아직도 포위망 속에 있는 것을 알고 말하기를, "나 혼자만 살 수는 없다."라고 하며 도로 적진으로 달려갔다. 그의 종이 달려가려는 것을 만류하자, 칼을 빼어 그 종의 팔을 베고는 적진 속으로 돌진하여 고경명이 있는 곳을 찾아내자 활을 당겨 왜적 대여섯 명을 쏘아 명중시켰지만 고경명과 함께 죽었다.

聞倭變, 與妻子訣別, 從高敬命討賊。錦山之戰, 潰圍馳出數里許, 問知大軍猶在圍中, 曰："我不可獨生。"還赴賊陣。其奴控焉止之, 拔劍斬其臂, 突入賊中, 尋得敬命所在, 射殺五六賊, 與敬命俱死。

---

39 柳彭老(류팽로, 1554~1592): 본관은 文化, 자는 亨叔·君壽, 호는 月坡. 1588년 식년문과에 을과로 급제하였으나 벼슬에 뜻을 두지 않고 玉果縣에서 살았다. 1592년 임진왜란이 일어나자 梁大樸·安瑛 등과 함께 궐기하였으며, 피난민 500명과 家僮 100여명을 이끌고 담양에서 高敬命의 군사와 합세하였다. 여기에서 고경명이 의병대장으로 추대되었는데, 유팽로는 고경명 휘하의 從事官이 되어 錦山에서 왜적과 싸우다가 전사하였다.

의가 병들기 전에 서둘러야 함을 환히 알고
적에게 달려갔다가 만사 모두 잊고 떠났네.
팔 베인 가노가 어찌 주인을 놓았겠나
응당 충성스런 장수와 함께 후세에 전해지네.
明知急病義之先　　赴敵都忘萬事捐
斬臂家奴那解主　　應同忠將共流傳

해미현감 정명세 보
海美縣監鄭名世[40]【伯時】補

다스린 고을이 호서에서 제일이었는데, 현(縣)의 병사들을 이끌고
남쪽으로 내려갔다가 또한 진주에서 전사하였다.
治邑爲湖西第一, 率縣兵南下, 亦死晉州。

일찍이 치적으로 호서 전체 최고이었으니
의병 일으켜 정벌하러 가서 무를 이기리라.
끝내 성이 함락되던 날 의리 따라 죽었으니
바야흐로 소인 같은 유자 아니었음을 알지라.

40　鄭名世(정명세, 1550~1593): 본관은 晉州, 자는 伯時, 호는 獨谷. 1570년 진사
가 되고 1579년 식년문과에 급제하였다. 1592년 임진왜란이 일어났을 때 해미현
감으로 군대를 이끌고 왜적과 싸웠다. 1593년 일본군은 1592년에 패한 치욕을
씻기 위해 咸安·班城·宜寧을 차례로 점령하고 3만 7천 명의 병력을 동원하여
진주성 공격에 나섰다. 이때 정명세는 조방장으로 창의사 金千鎰, 충청병사 黃
進, 경상우병사 崔慶會, 의병복수장 高從厚 등과 성을 지키다가 순절하였다.

曾將治績最全湖　　兵起徂征⁴¹勝武夫
畢竟捨生⁴²城陷日　　方知不是小人儒⁴³

회양부사 증예조참판 김연광 차
淮陽府使贈禮曹參判金鍊光⁴⁴【彦精】次

적이 마침내 회양으로 쳐들어오자 김연광은 죽음을 면하지 못할 줄 알고 즉시 창고를 불질렀는데, 적이 포위하고 뜰에 이르렀지만 관대를 벗지 않아 무릎을 꿇리자 큰 소리로 꾸짖으며 굴복하지 않았다. 이에 적이 노하여 목을 베어 나무에 매달아 놓고 갔다.

賊猝入淮陽⁴⁵, 鍊光知不免, 卽火倉庫, 賊擁致於庭, 不脫冠帶, 使之跪, 大罵不屈。賊怒, 斬頭掛樹而去。

적이 승승장구 나는 듯이 질주해 쳐들어오니
황망해도 어찌 교전 않고 물러나길 기다리랴.

---

41 徂征(조정): 가서 정벌함.
42 捨生(사생): 捨生取義. 생사의 선택에 있어서 구차히 살기보다 떳떳하게 의리를 따라 죽는 것을 택하는 비유로 쓰임.
43 小人儒(소인유)《論語》〈雍也篇〉의 "너는 군자다운 유자가 될 것이요, 소인과 같은 유자는 되지 말지어다.(女爲君子儒, 無爲小人儒.)"에서 나오는 말.
44 金鍊光(김연광, 1524~1592): 본관 金海), 자는 彦精, 호는 松巖. 1555년 식년 문과에 급제, 여러 내외직을 거쳐 平昌郡守가 되었다. 1592년 淮陽府使로 있을 때 임진왜란을 맞았는데, 군사·관원들은 모두 도망갔으나 성문 앞에 홀로 정좌한 채 있다가 적에게 참살당하였다.
45 淮陽(회양): 강원도 회양군의 군청 소재지.

분개하여 꾸짖다가 죽음이 충심에서 나왔음은
쥐구멍에 숨어 온전한 자는 알 바가 아니라네.

賊騎長驅疾若飛　　倉皇寧復待交綏[46]
忿然罵死自忠膽　　竄穴全身非所知

상운도찰방 증좌승지 남정유
祥雲道察訪贈左承旨南挺葳[47]

적이 경내에 쳐들어온다는 소식을 듣고도 피하여 달아나지 않았는
데, 적이 집안으로 들어오자 의관을 정제하고 나가서 저항하고 꾸짖
기를 끊이지 않았다. 이에 적이 노하여 그의 허리를 베었다.

聞賊入境, 不肯避去, 及賊入門, 整衣冠而出, 抗罵不絕。賊怒
斬其腰。

일찍이 영남에서 그대의 얼굴 본 적 있으나
외로운 충정이 완부들 격동할 줄 뉘 알았으랴.
역참의 말단 관리가 나라 위해 죽었으니
육식하는 높은 관리를 헐뜯고 비웃을 만하네.

曾於嶺表見君顏　　誰識孤忠便激頑[48]

46　交綏(교수): 군대가 맞부딪쳤으나 교전하지 않고 물러남.
47　南挺葳(남정유, 1537~1592): 본관은 宜寧, 자는 國綠. 아버지는 南應老, 외조
　　는 韓效元이다. 1576년 식년시에 합격하고 상운도 찰방을 지냈다.《宣祖實錄》
　　1592년 10월 21일 4번째와 5번째 기사에 나온다.

郵傳[49]小官能死國　堪嗤肉食謾崇班[50]

다대포첨사 윤흥신
多大浦[51]僉使尹興信[52]

왜적이 성을 포위하였지만, 힘껏 싸운 끝에 물리쳤다. 그 부하가 말하기를, "내일 만약 적이 진영(陣營)을 통틀어 침공한다면 형세가 반드시 지탱하기 어려울 것이니 탈출하여 피난하는 것만 못합니다." 라고 하니, 윤흥신이 말하기를, "죽음만 있을 뿐이지, 어찌 차마 달아나겠는가?"라고 하였다. 적들이 대거 쳐들어오자, 군졸들이 죄다 도망치고 혼자 남아 온종일 적에게 활을 쏘았지만 성이 함락되어 죽었다.

倭賊圍城, 力戰却之。其下曰: "明若擧陣來攻, 勢必難支, 莫如出避。" 興信曰: "有死而已, 何忍去也?" 賊栗大至, 軍卒盡逃, 獨終日射賊, 城陷而死。

---

48 頑(완): 頑夫. 융통성이 없고 고집이 센 사내.

49 郵傳(우전): 驛站.

50 崇班(숭반): 높은 지위에 이른 것.

51 多大浦(다대포): 부산광역시 사하구 다대동에 있는 포구. 낙동강하구 최남단에 있는 다대반도와 두송반도에 둘러싸여 있으며, 5개의 작은 소만입으로 구성되어 있다.

52 尹興信(윤흥신, 1540~1592): 본관은 坡平. 장경왕후의 오빠 尹任의 다섯째 아들이다. 1582년 벼슬이 진천현감에 이르렀으나, 문자를 해득하지 못한다고 하여 파직되었다. 그 뒤 외직으로 전출되어 1592년 다대포첨사에 부임하였는데, 때마침 임진왜란이 일어나 변방 수령으로서 4월 15일 왜군과 싸우다 전사하였다.

도망쳐 달아나 고을들 이미 완전히 비었으나
죽을 각오로 준엄히 말하고 혼자 충을 다했네.
부하가 흩어지라고 한 것을 끝까지 안 하고
고립된 성에서 오히려 기이한 공을 이루었네.
奔亡列郡已全空   分死[53]危言[54]獨效忠
麾下若敎終未散   孤城猶足策奇功

공조좌랑 신계형
工曹佐郎申季衡[55]

효성의 행실이 있었는지라 천거되어 관직을 제수하였다. 난리 초
에 사람들이 모두 피란하기를 권하였지만, 말하기를, "주상이 이곳에
계시는데 버리고서 어디로 간단 말인가?"라고 하였다. 나중에 양주
지역에 숨었는데, 적들이 졸지에 들이닥치자 눈을 감은 채로 굴복하
지 않았다. 적이 노하여 그를 해쳤다. 그는 일찍이 말하기를, "내
나이 80 넘었으니, 어찌 터럭 하나만치라도 목숨을 아까워 할 뜻이
있겠느냐? 다만 닥쳐온 적에게 마땅히 죽을 것이다."라고 하였다.

---

53 分死(분사): 죽을 각오.
54 危言(위언): 기품이 있고 준엄한 말. 《論語》〈憲問篇〉의 "나라에 도리나 상식이
    통하면 말과 행실을 높게 하고, 나라에 도리나 상식이 없을 때에는 행실
    은 높게 하되 말은 겸손하게 하여야 한다.(邦有道, 危言危行, 邦無道, 危行言
    孫.)"에서 나오는 말이다.
55 申季衡(신계형, 1537~1592): 본관은 平山, 자는 正平. 1537년 생원시에 합격하
    여 延恩殿 참봉이 되었고, 추천으로 진안 현감을 지냈다.

有孝行, 以薦授職。亂初, 人皆勸避, 曰:"主上在此, 捨而何
之?"後匿于楊州地[56], 賊猝至, 瞑目[57]不屈。賊怒而戕之。嘗曰:
"吾年踰八十, 豈有一毫顧惜意? 逼賊當死."云。

평생 불굴의 굳은 절개는 유자들 능가하였고
죽음을 맞이해도 오히려 조금도 변치 않았네.
효를 옮겨 충성하니 다시 무엇이 한스러우랴
속절없이 보고 들으니 갑절 놀라 탄식하였네.

平生苦節[58]邁諸儒　　臨死猶能不少渝
移孝爲忠復何恨　　空敎瞻聽倍驚吁

공조좌랑 양산숙 보
工曹佐郎梁山璹[59]補

송천 양응정의 아들이다. 김천일의 종사관으로서 의주에 이르러

56　楊州(양주): 경기도 중북부에 있는 고을. 동쪽으로는 포천시, 서쪽으로는 파주
　　시·고양시, 남쪽으로는 의정부시와 서울특별시 도봉구, 북쪽으로는 동두천
　　시·연천군과 접한다.

57　瞑目(명목): 눈을 감음.

58　苦節(고절): 어떤 곤란한 일에도 굽히지 아니하는 굳은 절개.

59　梁山璹(양산숙, 1561~1593): 본관은 濟州, 자는 會元. 할아버지는 梁彭孫, 아
　　버지는 梁應鼎이다. 1592년 임진왜란이 일어나자 형 梁山龍과 함께 나주에서
　　창의해, 金千鎰을 맹주로 삼아 부장이 되고 형은 運糧將이 되었다. 그 뒤 김천
　　일과 함께 북상하고, 수원에 출진해 활약하였다. 강화도로 진을 옮길 무렵, 郭賢
　　과 함께 주장의 밀서를 가지고 해로의 샛길을 따라 의주 行宮에 도착해, 선조에

상소했는데, 주상은 여러 차례 양산숙을 불러 면대하니 그의 말들이
매우 격렬하고 간절하자 술을 하사하여 위로하며 타이르고 공조 좌랑
에 발탁하여 제수하였다. 양산숙은 의병진으로 돌아와서 마침내 김
천일과 함께 죽었다.

梁松川應鼎[60]之子。以金千鎰從事官, 詣義州, 上疏, 累承引對,
言甚激切, 賜酒慰諭, 擢授工曹佐郎。還陣, 卒與千鎰同死。

천리길 행궁에 간을 갈라 속마음을 아뢰고서
은밀히 옥음을 받들어서 빈번히 응대하였네.
뼈에 사무친 특별한 은혜 갚자면 뭐 있겠나
한 목숨 바쳐 보국할 때임을 이제야 알았네.
千里刳肝[61]謁紫宸[62]　密承酬酢玉音[63]頻
殊恩到骨裨何有　　一死方知報主辰[64]

게 호남·영남의 정세와 창의 활동을 자세히 보고하였다. 이 공으로 공조좌랑에
제수되었다. 돌아올 때 영남·호남에 보내는 교서를 받아서 남도에 하달하였다.
적이 남도로 퇴각하자 김천일과 함께 남하해 진주성에 들어갔다가 함께 전사하
였다.

60　梁松川應鼎(양송천응정): 松川 梁應鼎(1519~1581). 본관은 濟州, 자는 公燮.
　　1540년 생원시에 장원으로 합격하고, 1552년 식년문과에 급제하여 檢閱이 되었
　　다. 공조좌랑으로 1556년 중시문과에 장원으로 급제하고, 그 이듬해 공조좌랑,
　　1574년 경주부윤, 1578년 공조참판으로 있으면서 공히 파직되었다.

61　刳肝(고간): 간을 도려낸다는 뜻. 속마음을 모두 토로한다는 의미이다. 韓愈가
　　지은 〈過彭城〉의 "간을 도려내어 종이로 삼고, 피를 뿌려 글씨를 쓴다.(刳肝以
　　爲紙, 瀝血以書辭.)"에서 나오는 말이다.

62　紫宸(자신): 紫宸宮. 당나라 때 대명궁 안에 있는 황제의 편전. 여기서는 행궁을
　　일컫는다.

63　玉音(옥음): 임금의 음성.

유사 이려 차
儒士李勵[65]次

재상 이탁의 손자, 첨추 이회수(李淮壽)의 아들로 약옹에게 조카가
된다. 나이 26세로 의병장 조헌을 따라 금산에서 싸우다가 죽었다.

相國鐸之孫, 僉樞淮□之子, 藥翁爲猶子。年廿六, 從義兵將趙
憲, 戰死錦山。

태어날 때 호시로 사방에 뜻 둔다 하더니
장수 따라 적 토벌했으니 강자 능가하였네.
포의라 하여 모두 담력 없다 말하지 말라
집안이 본디 죽거나 다침을 두려워 않았네.

弧矢當年志四方[66]   從師討賊弱能强
莫言韋布[67]都無膽   家操元非畏死傷

---

64 《松川先生遺集》권7〈附錄下·忠臣贈通政大夫承政院左承旨兼經筵參贊官宣
   教郎守工曹佐郎蟠溪公行狀〉에 수록되어 있음. 李敏敍(1633~1688)가 지은 것
   이다.

65 李勵(이려, 1567~1592): 본관은 全義, 자는 得之. 할아버지는 영의정 李鐸, 아
   버지는 수사 李淮壽이다. 1589년 鄭汝立獄事에 연루, 투옥되었다가 후일 잘못
   된 것임이 판명되어 풀려났다. 1592년 임진왜란 때 의병장 趙憲 휘하에 들어가
   청주전투에서 적을 섬멸하고, 이어 금산에서 대적하였으나 조헌과 함께 순국하
   였다.

66 弧矢當年志四方(호시당년지사방): 장차 사방을 경륜할 사내대장부의 큰 뜻을
   품고 태어났다는 말. 弧矢는 桑弧蓬矢의 준말.《禮記》〈內則〉에 의하면, 사내아
   이가 태어나면 桑木으로 활을 만들어 문 왼쪽에 걸고 蓬草로 화살을 만들어서
   사방에 쏘는 시늉을 하며 장차 이처럼 웅비할 것을 기대했던 풍습이 있었다.

67 韋布(위포): 벼슬하지 않은 선비.

2. 역전(力戰)

충청병사 증우찬성 황진 보
忠淸兵使贈右贊成黃進[1]補

남보다 뛰어난 용맹과 지략으로 적을 무찔러 참획한 것이 많았다. 충청 병사로서 관군을 거느리고 남쪽으로 내려가 이리저리 옮겨다니며 싸우면서 앞장서다가 김천일 등과 진주성을 지켰으니, 진주는 호남으로 들어가는 요충지였기 때문이다. 장수와 군사들을 어루만지면서 눈물을 흘리며 격려하였고, 몸소 흙과 돌을 져다 성곽을 완전히 수리하였다. 사람들이 모두 감격하여 용기를 내어서 죽기를 각오하니, 밤낮으로 고전하였어도 끝까지 내내 해이하지 않았다. 옛날 명장의 풍모가 있었으나, 성이 함락되기 하루 전날에 적의 탄환을 맞고 죽었다.

勇略過人, 擊賊多斬獲. 以忠淸兵使, 領軍南下, 轉鬪以前, 與金千鎰等, 守晉州城, 以晉爲湖南保障也. 撫循[2]將士, 涕泣激厲, 親

---

1 黃進(황진, 1550~1593): 본관은 長水, 자는 明甫, 호는 蛾述堂. 1576년 무과에 급제, 선전관을 거쳐 1591년 조선통신사 黃允吉을 따라 일본에 다녀와 미구에 일본이 來侵할 것을 예언하였다. 1592년 임진왜란이 일어나자 同福 현감으로 勤王兵을 이끌고 북상하여 龍仁에서 패전하고 이어 鎭安에서 왜적의 선봉장을 사살한 뒤 적군을 安德院에서 격퇴하고, 훈련원 判官이 되어 梨峙전투에서 적을 무찔렀다. 그 공으로 益山 군수 겸 충청도 助防將에 오르고, 절도사 宣居怡를 따라 水原에서 싸웠다. 이듬해 충청도 병마절도사에 승진하여 패퇴하는 적을 추격, 尙州에 이르는 동안 連勝을 거두고, 적의 대군이 晉州城을 공략하자 倡義使 金千鎰, 절도사 崔慶會와 함께 성중에 들어가 9일 동안 혈전 끝에 전사하였다.

負土石, 修完城堞。人皆感奮效死, 晝夜苦戰, 終始不懈。有古將
風。城陷前一日。中鐵丸而死。

혹시 전생에서 저 진나라 황석공이었던가
창을 휘둘러 유독 두 지방만이 텅 비지 않았네.
온 성이 기꺼이 함께 죽도록 권면하였으니
열사의 풍모 처음 듣고서 머리칼 곤두서네.
恐是前身圯上翁[3]　　揮戈不獨兩隅空[4]
一城激勸甘同死　　髮竪初聞烈士風

증병조참판 장윤 보
贈兵曹參判張潤[5]補

황진의 부장이 되어, 진주성이 포위가 되었어도 힘껏 싸우며 적을

2　撫循(무순): 잘 어루만져 복종하게 함.
3　圯上翁(이상옹): 黃石公을 가리킴. 漢나라 張良이 일찍이 下邳의 흙다리 위[圯
　上]에서 黃石公이 다리 밑으로 떨어뜨린 신을 주워다가 그에게 신겨주고 그로부
　터 太公의 兵書를 받아 익힌 다음, 漢高祖의 謀臣이 되어 마침내 秦나라를 멸하
　고 漢業을 세운 고사가 있다.
4　兩隅空(양우공): 杜甫의 〈投贈哥舒開府翰〉의 "선봉으로 나가 백전백승 거두
　고, 땅 빼앗으니 두 지방이 텅 비었네.(先鋒百戰在, 略地兩隅空.)"에서 나오는
　말.
5　張潤(장윤, 1552~1593): 본관은 木川, 자는 明甫. 아버지는 선전관 張應翼이
　다. 1582년 무과에 급제하였고, 1588년 선전관, 훈련원정을 거쳐 사천현감에
　제수되었다. 1592년 임진왜란이 일어나자 전라좌의병 副將이 되어 장수현에서
　적을 방어하다가 星山·開寧에서 왜적과 전투를 벌여 큰 전과를 올렸다. 이때에

쏘아 죽였다. 그 전공(戰功)이 황진에 버금갔으나 또한 적의 탄환을
맞고 죽었다.

爲黃進副將, 晉州被圍, 力戰射賊。功亞於進, 亦中丸而死。

고립된 성 겹겹이 포위되고 원군 끊어지니
아장의 공이 높았어도 일은 이미 그르쳤네.
몸은 무너진 성처럼 없어도 혼 아직 살았으니
속절없이 초혼을 빙자하여 고향으로 돌아갔네.

孤城援絕被重圍　　亞將功高事已非
身與郫夷⁶魂尚在　　謾憑矢復⁷故鄉歸

녹도만호 증북도병사 정운 보
鹿島萬戶贈北道兵使鄭運⁸補

전라 좌수사 이순신이 수군을 거느리고 영남 바다의 섬에 이르러

진주성이 위험하자 倡義使 金千鎰, 충청병사 黃進, 경상우병사 崔慶會 등과
함께 힘껏 싸우다가 전사하였다.
6 郫夷(부이): 성이 무너져 평평해짐.
7 矢復(시복): 전사자에 대하여 招魂하는 의식.
8 鄭運(정운, 1543~1592): 본관은 河東, 자는 昌辰. 1570년 무과에 급제한 뒤
　　훈련원봉사·金甲島水軍權管·거산찰방을 거쳐 웅천현감 등을 지냈다. 1591년
　　鹿島萬戶가 되고, 이듬해 임진왜란이 일어나자 이순신 휘하에서 군관 宋希立과
　　함께 결사적으로 출전할 것을 주장하였다. 그 뒤 玉浦·唐浦·한산 등의 여러
　　해전에서 큰 공을 세우고, 마침내 9월의 부산포해전에서 右部將으로 선봉에서
　　싸우다가 전사하였다.

수전을 하며 누차 이겼는데, 정운이 공로가 가장 컸으나 적의 탄환을
맞고 죽었다.

全羅左水使李舜臣[9], 率舟師, 抵嶺南海島, 水戰屢捷, 運之功最
大, 中鐵丸而死。

몇 번이나 마구 부딪치니 해적이 비었으나
수군이 놀라 울걸한 인물 잃었음을 아뢰네.
훗날 기린각에 초상화 그리는 것일 뿐이면

9　李舜臣(이순신, 1545~1598): 본관은 德水, 자는 汝諧. 1576년 식년무과에 급제
　　했다. 1589년 柳成龍의 천거로 高沙里僉使로 승진되었고, 절충장군으로 滿浦僉
　　使 등을 거쳐 1591년 전라좌도 水軍節度使가 되어 여수로 부임했다. 이순신은
　　왜침을 예상하고 미리부터 군비 확충에 힘썼다. 특히, 전라좌수영 본영 선소로
　　추정되는 곳에서 거북선을 건조하여 여수 종포에서 點考와 포사격 시험까지 마치
　　고 돌산과 沼浦 사이 수중에 鐵鎖를 설치하는 등 전쟁을 대비하고 있었다. 임진왜란
　　이 일어나자 가장 먼저 전라좌수영 본영 및 관하 5관(순천·낙안·보성·광양·흥양)
　　5포(방답·사도·여도·본포·녹도)의 수령 장졸 및 전선을 여수 전라좌수영에 집결
　　시켜 전라좌수영 함대를 편성하였다. 이 대선단을 이끌고 玉浦에서 적선 30여
　　척을 격하고 이어 泗川에서 적선 13척을 분쇄한 것을 비롯하여 唐浦에서 20척,
　　唐項浦에서 100여 척을 각각 격파했다. 7월 閑山島에서 적선 70척을 무찔러
　　閑山島大捷이라는 큰 무공을 세웠고, 9월 적군의 근거지 부산에 쳐들어가 100여
　　척을 부수었다. 이 공으로 이순신은 정헌대부에 올랐다. 1593년 다시 부산과
　　熊川의 일본 수군을 소탕하고 한산도로 진을 옮겨 本營으로 삼고 남해안 일대의
　　해상권을 장악, 최초로 삼도수군통제사가 되었다. 1596년 원균 일파의 상소로
　　인하여 서울로 압송되어 囹圄의 생활을 하던 중, 우의정 鄭琢의 도움을 받아
　　목숨을 건진 뒤 도원수 權慄의 막하로 들어가 백의종군하였다. 1597년 정유재란
　　때 원균이 참패하자 다시 삼도수군통제사에 임명되었다. 12척의 함선과 빈약한
　　병력을 거느리고 鳴梁에서 133척의 적군과 대결, 31척을 부수어서 명량대첩을
　　이끌었다. 1598년 명나라 陳璘 제독을 설득하여 함께 여수 묘도와 남해 露梁
　　앞바다에서 순천 왜교성으로부터 후퇴하던 적선 500여척을 기습하여 싸우다 적탄
　　에 맞아 전사했다.

뉘라서 또 헛되이 제일의 공을 얻으려나.

幾度橫衝海賊空　　舟師驚報失驍雄

他年麟閣[10]圖形地　誰復虛當第一功

경상병사 겸 진주목사 김시민 보
慶尙兵使兼晉州牧使金時敏[11]補

임진년 가을에 왜적이 진주를 공격하였는데, 판관 김시민이 성에 틀어박혀 굳게 지키면서 밤낮으로 힘껏 싸워 적을 죽인 것이 이루 헤아릴 수 없었다. 적은 함락시키지 못하고 달아나 버렸다. 김시민을 목사로 등용하여 제수하였고, 또 그 대신 류숭인을 병사로 삼았다.

10　麟閣(인각): 麒麟閣. 중국 前漢의 武帝가 기린을 잡았을 때 지은 누각. 이후 宣帝가 공신 11인의 상을 그리어 이 閣上에 걸었다. 이에 功臣의 훈공을 기록하는 일을 맡아 하던 관아를 지칭하기도 한다.

11　金時敏(김시민, 1554~1592): 본관은 安東, 자는 勉吾. 1578년 무과에 급제했다. 1591년 晉州 判官이 되었고, 1592년 임진왜란이 일어나자 죽은 牧使 李璥을 대신하여 城池를 수축하고 무기를 갖추어 진주성을 지켰다. 이후 곽재우 등 의병장들과 합세하여 여러 차례 적의 공격을 막아내고 고성과 창원 등지의 성을 회복하는 등의 공로로 8월 진주목사에 임명되었다. 9월에는 적장 平小太를 사로잡는 전공을 세웠으며, 10월에는 왜군이 대대적으로 진주성을 공격하였다. 당시 진주성을 지키고 있던 그는 3,800여 명의 군대를 이끌고 적장 長谷川秀一가 이끄는 2만의 군대를 맞아 승리를 거두었다. 진주성 안에서의 전체적인 지휘를 그가 이끌었으며, 곽재우, 최경회 등 의병장들이 적군의 배후를 위협하는 도움을 받아 전투가 진행되었다. 10월 5일부터 11일까지 실시된 이 전투에서 마지막 날 적의 대대적인 총공세를 맞아 동문을 지키던 김시민 장군이 적의 탄환을 맞아 쓰러지자 곤양 군수 이광악이 대신 작전을 지휘해 승리를 거두었다. 이 전투를 임진왜란 3대 대첩의 하나로 꼽기도 한다.

얼마 뒤에 적의 탄환을 맞고 오래지 않아 죽었다.

　壬辰秋, 賊攻晉州, 判官金時敏, 嬰城[12]固守, 晝夜力戰, 殺賊不可勝紀。賊不能拔遁去。起授牧使, 又代柳崇仁爲兵使。因中丸, 不久死。

깃발이 들판을 뒤덮고 창은 숲 같더니
한 조각 외로운 성 백 갈래로 공격 받았네.
적을 물리쳐 마침내 요새지 온전히 지켰지만
몸을 바쳐서 그래도 백성들을 보위하였네.
旌旗蔽野戟如林　　一片孤城百道侵
却賊竟能全保障　　亡身猶得衛蒼黔

경상우도 병사 류숭인 보
慶尙右道兵使柳崇仁[13]補

진주가 포위되자, 류숭인이 구원하려 달려가서 곧장 앞으로 나아

12　嬰城(영성): 籠城하여 굳게 지킨다는 뜻. 어떤 일에 몰두함을 비유적으로 이르는 말이다.

13　柳崇仁(류숭인, ?~1592): 본관은 文化. 함안군수로 있을 때 임진왜란이 일어나 성이 포위되자 군민과 합세하여 성을 지켰다. 6월 郭再祐의 의병에게 진로를 차단당한 왜군을 추격하여 47명을 참획하는 전과를 올렸다. 진해에서 李舜臣 휘하의 함대와 합세하여 적을 크게 무찔렀다. 7월 금강을 거슬러 공격해 오는 왜군을 직산현감 朴誼와 합동으로 대적하여 전공을 세웠다. 경상우도 병마절도사에 특진, 10월 창원에서 진주성을 지원하러 갔다가 전사했다.

가 싸움에 임하였지만 성 아래서 죽었다.

晉之被圍也, 崇仁赴援, 直前格鬪, 死於城下。

군사들 거느리고 무슨 마음으로 하란이 되어
목숨 버려 전장에 달려간 것 만인이 보았네.
영웅의 풍모 늠름하고 깃발들이 펄럭였으니
적장 간담 이미 서늘하도록 하기에 족하였네.

擁衆何心作賀蘭[14]   捐生赴鬪萬人看
英風凛烈衝旗纛   足使强酋膽已寒

전 첨사 증병조판서 손인갑 보
前僉使贈兵曹判書孫仁甲[15]補

남보다 뛰어난 용맹과 힘으로 적을 많이 죽여 공을 세웠는데, 행군

---

14 賀蘭(하란): 賀蘭進明. 안녹산의 난 때 張巡과 許遠을 따라 睢陽城을 사수하다
   식량이 떨어져 위기에 처하자 南霽雲이 구원을 청했던 인물. 장순 등이 공을
   세우는 것을 시기하여 들어주지 않았다.

15 孫仁甲(손인갑, ?~1592): 본관은 密陽. 일찍이 무과에 급제하였고, 1592년 임
   진왜란이 일어나자 합천에서 의병을 일으켜 鄭仁弘의 의병부대에 합류하여 中
   衛將이 되었다. 합천군수 전현룡(田見龍)이 적을 두고 달아나자 그를 대신하여
   한때 陝川假將을 맡았다. 1592년 6월 초순에 벌어진 茂溪戰鬪 때 정인홍군의
   선봉장이 되어 적병 100여 명을 사살하는 큰 전과를 거두었다. 이때 손인갑은
   왜군의 兵숲에 뛰어들어 기습전으로 적을 대파하였다. 그 해 6월말에 있었던
   草溪의 馬津戰鬪에서도 특출한 전술을 구사, 낙동강을 항해 중이던 倭船團을
   급습하여 격파하였지만, 끝내 전사하였다.

하다가 무계 강변에 이르러서 말이 넘어지자 강물에 빠져 죽었다.

勇力絶倫, 多殺賊立功, 行至武溪[16]江邊, 馬跌墮水渰死[17]。

범 때려잡을 힘에다 여포의 용맹까지 겸하고
활 당기어 적을 쏘아 죽여 피가 내를 이루네.
다만 하늘의 뜻에 응하여 다시 더 경계하려고
강물 흐를 터 필히 찢어 죽일 수 없게 함이라.

扼虎力兼懸[18]布勇[19]   彎弓射賊血成河
只應天意重加警   未必江流解殺他

김해부사 증병조판서 이종인 보
金海府使贈兵曹判書李宗仁[20]補

김준민과 일찍이 북도에 있으면서 날래고 건장하여 싸움을 잘하는

---

16 武溪(무계): 경상북도 고령군 성산면 무계리. 이곳에서 1592년 6월 손인갑과
    정인홍의 부대가 왜군을 물리친 전투가 있었다. 모리 데루보토의 부장인 무라카
    미 카게치카가 이끄는 일본군을 격파하였다.

17 渰死(엄사): 溺死. 물에 빠져 죽음.

18 兼懸(겸현): 兼有. 함께 더하여 있음.

19 布勇(포용): 呂布의 용맹. 後漢 말의 무장. 활쏘기와 말타기에 능하여 飛將이라
    불릴 정도로 무용이 가장 뛰어났던 인물이다.

20 李宗仁(이종인, ?~1593): 본관은 開城. 1583년 북병사 李濟臣 휘하의 군관으
    로 여진족 소탕에 참여하였고, 1592년 임진왜란이 일어나자 김성일 휘하의 군관
    으로 일본군 척후병을 사살하였다. 1593년 김해부사에 제수되어 그해 6월 제2차
    진주성전투 때는, 진주성에 들어가 김천일, 최경회 등과 함께 일본군을 다수 사
    살하는 등 전과를 올렸으나, 전투 도중에 전사하였다.

것으로 일컬어졌다. 이때에 이르러 두 사람은 힘을 다하여 싸워 누차
승리를 거두어서 명성이 가장 두드러졌지만, 끝내 진주에서 함께
전사하였다.

與金俊民, 嘗在北道, 以驍健善戰稱。至是, 兩人力鬪屢捷, 聲
聞最著, 竟同死於晉州。

일찍이 용맹 드날린 데다 적을 꺾을 재주로
남쪽 변방에서 적 격파한 일 다투어 전했네.
장성이 끝내 보전되지 못할까 헤아렸더니
남은 백성들 통곡소리 우레 같을 뿐이로다.
桓桓²¹早擅折衝²²才　南徼²³爭傳破賊廻
擬作長城終不保　　徒令遺庶哭如雷

거제현령 증이조판서 김준민 보
巨濟縣令贈刑曹判書金俊民²⁴補

몸소 수많은 전쟁 치렀어도 의지 더욱 굳세니
밥 먹는 때에도 적군 소탕할 일 어찌 잊었으랴.

---

21 桓桓(환환): 굳센 모양. 용맹스러운 모양.
22 折衝(절충): 쳐들어오는 적을 막음.
23 南徼(남요): 남쪽 변경.
24 金俊民(김준민, ?~1593): 본관은 商山, 자는 成仁. 1583년 북병사 李濟臣의
　　여진족 소탕에 참여하였다. 1592년 거제현령으로 일본군의 공격을 막아냈고,
　　1593년 제2차 진주성 싸움에서 전사하였다.

담력도 지략도 마침내 시운에 따라 거두었거늘
고립된 성에 부질없이 열장부 보내어 죽었어라.
身經百戰²⁵志逾勍　一飯那忘掃賊營²⁶
膽略竟因時命屈　空輸義烈死孤城

경상우도 병마우후 성영달 보
慶尙右道兵馬虞候成永達²⁷補

힘을 다하여 싸워서 적을 많이 죽이고 사로잡았으나 또한 진주에
서 전사하였다.
力戰多殺獲, 亦死晉州。

치열한 전투에서 맨 먼저 올라 강적 꺾고 마니
그대 같은 맹장이 외적 물리치는 것은 마땅하네.
누가 진주성에 보내 충성 용맹 다하게 했는가
가슴 치고 피눈물 뿌리며 하늘 향해 울부짖네.
先登²⁸鏖戰²⁹挫强梁³⁰　猛將如君合外攘

---

25 身經百戰(신경백전): 많은 전쟁과 어려움을 겪음.
26 一飯那忘掃賊營(일반나망소적영): 蘇軾의 "찢어진 적삼은 거듭 만나는 날이 있
　　나니, 밥 먹을 때에 숟가락을 잊은 적이 있던가.(破衫却有重逢日, 一飯何曾忘
　　却時.)"라는 시 구절을 활용한 표현.
27 成永達(성영달, ?~1592): 본관은 昌寧. 1592년 임진왜란 당시, 경상우도병마
　　우후로 참전하여 많은 공을 세웠다. 그 해 10월에 있었던 1차 진주성 싸움에서
　　진주판관 成守慶과 함께 전사하였다.

誰遣晉城忠勇盡　　　撫膺灑血叫蒼蒼

태안군수 권희인 보
泰安郡守權希仁³¹補

평소 날랜 과단성으로 칭송되었기 때문에 도원수 권율이 조정에
청하여 남쪽 지방으로 내려가 적을 공격하도록 하였는데, 적을 만나
자 돌진하면서 조금도 자신의 몸을 돌보지 않다가 의령의 전투에서
죽었다.

素以驍果稱, 因都元帥權慄³², 請於朝, 南下擊賊, 遇敵突進, 略

28　先登(선등): 다른 사람보다 앞장서서 성 위에 올라가 적을 공격함.
29　鏖戰(오전): 많은 사상자를 낸 큰 싸움.
30　强梁(강량): 强橫. 언행 등 태도가 매우 강경하고 흉악함.
31　權希仁(권희인, 1558~1593): 본관은 安東, 자는 士安, 호는 參巖. 1579년 무과
　　에 응시하여 장원으로 뽑혔으나, 부친상을 당해 관직에 나가지 않았다. 1591년
　　舒川浦萬戶에 임용, 1592년 임진왜란이 일어나자 영남 의병장 金沔의 휘하에
　　들어가 활약함으로써 沃川郡守 겸 충청도 助防將이 되었다. 그 무렵 의병을 모
　　아 각처에서 왜적을 무찌르던 중 1593년 10월 웅천 부근에 주둔해 있던 왜군이
　　永善(경상남도 고성군 영현면)에 쳐들어오자, 군사를 이끌고 백병전으로 맞서
　　혈전을 거듭하였지만 끝내 전사하였다.
32　權慄(권율, 1537~1599): 본관은 安東, 자는 彦愼, 호는 晚翠堂 · 暮嶽. 1582년
　　식년문과에 급제했다. 임진왜란이 일어나 수도가 함락된 후 전라도순찰사 李洸
　　과 防禦使 郭嶸이 4만여 명의 군사를 모집할 때, 광주목사로서 곽영의 휘하에
　　들어가 中衛將이 되어 북진하다가 용인에서 일본군과 싸웠으나 패하였다. 그
　　뒤 남원에 주둔하여 1,000여 명의 의용군을 모집, 금산군 梨峙싸움에서 왜장
　　고바야카와 다카카게[小早川隆景]의 정예부대를 대파하고 전라도 순찰사로 승
　　진하였다. 또 북진 중에 수원의 禿旺山城에 주둔하면서 견고한 진지를 구축하여
　　持久戰과 遊擊戰을 전개하다 우키타 히데이에[宇喜多秀家]가 거느리는 대부대

不顧身, 死於宜寧³³之戰。

장한 마음으로 헛살지 않았음을 자부하고
상서롭지 못한 기운 깨끗이 일소하려 했네.
벼락같이 부수고 바람처럼 휩쓸어 상쾌했으나
인걸 잃으니 구름도 시름겹고 비도 울부짖네.

壯心自負不虛生   準擬妖氛³⁴一掃淸
霆擊風馳看颯爽³⁵   雲愁雨咽喪精英³⁶

의 공격을 받았으나 이를 격퇴하였다. 1593년에는 병력을 나누어 부사령관 宣居
怡에게 시흥 衿州山에 진을 치게 한 후 2,800명의 병력을 이끌고 한강을 건너
幸州山城에 주둔하여, 3만 명의 대군으로 공격해온 고바야카와의 일본군을 맞
아 2만 4000여 명의 사상자를 내게 하며 격퇴하였다. 그 전공으로 도원수에 올
랐다가 도망병을 즉결처분한 죄로 해직되었으나, 한성부판윤으로 재기용되어
備邊司堂上을 겸직하였고, 1596년 충청도 순찰사에 이어 다시 도원수가 되었
다. 1597년 정유재란이 일어나자 적군의 북상을 막기 위해 명나라 提督 麻貴와
함께 울산에서 대진했으나, 명나라 사령관 楊鎬의 돌연한 퇴각령으로 철수하였
다. 이어 順天 曳橋에 주둔한 일본군을 공격하려 했으나, 전쟁의 확대를 꺼리
던 명나라 장수들의 비협조로 실패하였다. 임진왜란 7년 간 군대를 총지휘한
장군으로 바다의 이순신과 더불어 역사에 남을 전공을 세웠다. 1599년 노환으로
관직을 사임하고 고향에 돌아갔다.

33 宜寧(의령): 경상남도 중앙에 있는 고을. 동쪽은 창녕군, 동남쪽은 함안군, 서쪽
    과 북쪽은 합천군, 서남쪽은 진주시와 접한다.
34 妖氛(요분): 상서롭지 못한 기운. 곧 재난이나 환란을 가리킨다.
35 颯爽(삽상): 씩씩하고 시원스러움. 늠름함.
36 精英(정영): 걸출한 사람.

방어사 원호 차
防禦使元豪[37]次

임진왜란 초에 여강에서 두 번이나 승리를 거두어 왜적이 감히
가까이 하지 못했다. 얼마 뒤에 김화에 들어가서 적군을 만나 패하였
는데, 굴복하지 않다가 죽었다.
亂初, 再捷驪江[38], 賊不敢近。後入金化[39], 遇賊兵敗, 不屈而死。

난리에 용맹 떨침이 마치 바람에 앉은 듯하니
적이 여강에서 두려워 웅거를 못하네.
일 틀어져 몸 죽는데도 끝내 굴복치 않았으니
구천에서 응당 성공하지 못하였음을 한하리라.
臨機奮勇若坐風　　賊畏驪江遏截雄
事去身殲終不屈　　九原[40]應恨未成功[41]

---

37 元豪(원호, 1533~1592): 본관은 原州, 자는 仲英. 1567년 무과에 급제하였다.
선전관에 이어 내외직을 두루 거치고 경원부사로 있을 때에는 尼湯介의 침입을
격퇴하였다. 1587년 전라우도수군절도사로 재직중, 전라좌도에 침입한 왜구를
막지 못하여 인책, 유배되었다. 1592년 임진왜란이 일어나자, 江原道助防將으
로서 패잔병과 의병을 규합, 여주의 신륵사에서 적병을 크게 무찔렀으며, 패주
하는 적병을 龜尾浦에서 섬멸하였다. 그 공으로 경기·강원 방어사 겸 여주목사
로 임명되었다. 얼마 뒤 강원감사 柳永吉의 격문을 보고, 병을 이끌고 김화에
이르러 적의 복병을 맞아 분전하다가 전사하였다.
38 驪江(여강): 남한강이 강원도 원주에서 흘러나오는 蟾江, 용인에서 발원한 淸渼
川과 만나는 지역이 바로 여주의 덤동면 三合里이기 때문에 여주를 지나는 남한
강을 여강이라 일컬음.
39 金化(김화): 강원도 철원군 중앙부에 있는 고을.
40 九原(구원): 九泉. 죽은 뒤에 넋이 돌아간다는 곳. 저승.
41 金龜柱의《可庵遺稿》권8〈疏箚·代金化儒生請元忠壯公祠宇旌額疏〉에 실려

조방장 백광언과 조방방 이지시
助防將白光彦[42]·助防將李之詩[43]

전라 좌도와 우도의 조방장으로서 군사들을 이끌고 용인에 이르러
적을 만났는데, 군사들이 모두 달아나 흩어지는 바람에 두 사람이
몸소 화살과 돌을 무릅쓰고 힘을 다하여 싸우다가 죽었다.

以全羅左右道助防將領兵, 入至龍仁遇賊, 衆皆奔潰, 兩人親冒
矢石, 力戰而死。

굳세고 굳센 서남의 간성 같은 장수들
앞뒤로 한없이 넓기만 한 전장터에서
근왕하고자 힘을 합쳐 적을 섬멸하려 했으나
충의 용기가 도리어 화 입게 될 줄 어찌 알았으랴.

있음.

42 白光彦(백광언, 1554~1592): 본관은 海美, 호는 楓巖. 1592년 모친상을 당하
여 泰仁에 머무르고 있는 중에 임진왜란을 만나 全羅監司兼巡察使 李洸의 助
防將이 되었다. 이때 이광이 전라도병사 8,000명을 이끌고 공주까지 북상했다
가 서울이 함락되었다는 소식을 듣고 퇴군하여 전주에 이르자 백광언은 되레
꾸짖어 북상할 것을 약속받고 다시 2만 여의 군사를 모아 전열을 재정비한 뒤
수원을 향하여 진격하였다. 龍仁城 남쪽 10리에 이르러 우군선봉장이 된 백광언
은 좌군선봉장 李之詩와 함께 文小山의 적진을 협공하였으나 패전하여 모두 전
몰하고 말았다.

43 李之詩(이지시, ?~1592): 본관은 丹陽, 자는 詠而, 호는 松菴. 1567년 무과에
장원급제, 훈련원정으로 있다가 注書에 등용되었고, 곧이어 문무가 겸비한 것을
인정받아 승지로 발탁되었다. 1583년 이성현감으로 있으면서 북방 오랑캐의 침
입을 격퇴하였다. 그 뒤 1592년 임진왜란 때에는 助防將으로 경상도에 나가 여
러 번 싸워 공을 세웠으며, 청주가 함락되고 적이 수원에 웅거하자 이를 격퇴하
기 위하여 白光彦 등과 함께 분전하다가 아우 지례와 더불어 모두 전사하였다.

西南赳赳干城將[44]　　前後茫茫劒戟場

協力勤主期滅賊　　那知義勇反罹殃

해남현감 변응정 차
海南縣監邊應井[45]次

금산의 왜적을 토벌하여 그 날카로운 기세를 꺾으려다가 마침내
싸우다 죽었지만, 왜적들이 군영(軍營)을 거두어 한밤중에 달아난
것은 대개 여기에서 말미암은 것이다.

討錦賊, 挫其鋒銳, 遂戰死, 賊之撤營宵遁, 蓋由於此。

고경명 조헌 두 장군이 서로 이어서 죽으니
일부 병력이 직진하는 용맹은 가당치 않네.
흉적의 우두머리 소굴을 소탕하지 못했어도
한번 싸움에 끝내 우리 강토 회복 이루네.

高趙[46]二軍相繼亡　　偏師[47]直進勇無當

44　赳赳干城將(규규간성장):《詩經》〈周南·兎罝〉의 "군세고 굳센 무부여, 공후의
　　간성이로다.(赳赳武夫, 公侯干城.)"에서 나온 말.

45　邊應井(변응정, 1557~1592): 본관은 原州, 자는 文淑. 1585년 무과에 급제하였
　　다. 越松萬戶·선전관 등을 거쳐 해남현감으로 재직 중 임진왜란이 일어나자 관
　　내의 소요를 진정시키는 한편, 격문을 돌려 의병을 규합하였다. 또 대군으로 침
　　입한 왜적의 본토가 비어 있을 것을 들어 이를 공략하면 왜적은 저절로 무너질
　　것이라고 주장, 일본 정벌을 상소하였다. 금산에서 趙憲과 합류하여 공격할 것
　　을 약속하였으나 행군에 차질이 생겨 조헌이 전사한 뒤에 도착, 육박전으로 왜적
　　과 싸워 큰 전과를 올렸으나 적의 야습을 받아 장렬히 전사하였다.

縱然未盪凶渠穴　　一戰終成復我疆

김제군수 정담 차
金堤郡守鄭湛[48]次

금산의 적이 장차 전주를 침범하려 하자 정담이 웅현에서 방어하여 죽이거나 상처를 매우 많이 입혔다. 마침내 힘을 다하여 싸우다가 죽었지만, 왜적이 이로부터 감히 호남을 다시는 엿보지 않았다.

錦賊將犯全州, 湛扼之熊峴[49], 殺傷過當。遂力戰而死, 賊自此不敢復窺湖南。

장군의 담력과 용기가 포효하는 범 같았지만
육박전 치렀으니 어찌 목숨 온전하기 바라랴.
호남을 보전할 수 있었던 공이 가장 컸으니
어느 때나 황천에 가서 은전을 베풀 것인가.

---

46 高趙(고조): 제1차 금산전투에 참전했던 고경명과 조헌을 통틀어 일컫는 말.
47 偏師(편사): 대규모 병력이 아닌 일부 병력을 이르는 말.
48 鄭湛(정담, ?~1592): 본관은 盈德, 자는 彦潔. 1583년 무과에 급제한 뒤 여러 보직을 거쳐 1592년 金堤郡守로 나갔다. 임진왜란이 일어나자 의병을 모집하여 羅州判官 李福男, 의병장 黃樸 등과 함께 錦山을 거쳐 全州를 공략하려는 왜군을 熊峙에서 육탄전으로 방어하다가 모두 전사하였다.
49 熊峴(웅현): 熊峙. 전라북도 진안군 부귀면 세동리와 완주군 소양면 신촌리 사이에 있다. 속칭 곰치라고 한다. 1592년 임진왜란 때 나주 판관 李福男·의병장 黃璞·김제군수 鄭湛·남해현감 邊應井 등이 錦山에서 이 고개를 넘어 全州로 침입하려는 왜군을 맞아 싸우다가 장렬히 전사하였다.

將軍膽勇如虓虎　　搏戰寧求性命全
保得湖南功最巨　　幾時恩獎到黃泉

당진현감 송제와 결성현감 김응건 보
唐津縣監宋悌[50]·結城縣監金應鍵[51]補

두 사람은 백성들을 잘 다스린 데다 전공이 있었는데, 또한 의병을
이끌고 남쪽 지방으로 내려가 적과 싸우다가 진주에서 함께 죽었다.
兩人, 善治民, 有戰功, 亦率兵南下, 竝死晉州。

당진의 강건함은 사람들 모두 감복하고
과단성은 결성과 더불어 누가 같으리오.
나라의 원수 갚으려는데 하늘이 돕지 않으니
원통한 혼이 응당 깊어가는 밤중에도 울지라.
唐津[52]俊壯人皆服　　果毅結城孰與齊
警復國讐天不助　　冤魂應向夜深啼

---

50 宋悌(송제, 1547~1592): 본관은 南陽, 자는 維則. 1585년 무과에 급제, 唐津
　현감을 지냈다. 1592년 임진왜란이 일어나자 의병을 일으켜 황진의 군사와 합류
　하여 진주에서 전사하였다.
51 金應鍵(김응건, 1559~1592): 본관은 慶州, 자는 而啓. 1590년 진사시에 급제,
　결성현감을 지냈다.
52 唐津(당진): 충청남도 서북부에 있는 고을. 동쪽은 삽교천을 경계로 아산시, 서
　쪽은 서산시, 남쪽은 예산군, 북쪽은 아산만을 경계로 경기도 평택시와 접한다.

첨지중추부사동지 승려 영규 차
僉知中樞府事贈同知僧靈珪[53]次

의로운 승려 영규는 승군을 일으켜 왜적을 무찔렀는데, 청주를
회복하고서 또 금산의 적을 짓이기려고 힘을 다하여 싸우다가 죽었다.
義僧靈珪, 擧僧軍擊賊, 旣復淸州, 又擣錦山, 力戰而死。

전투에 임하면 앞장서서 선봉이 되었으니
청주 금산의 적 치며 힘써 싸운 공 있었네.
다소간 유자들 누가 그 죽음을 본받았는가
다만 들리기를 승려로서 홀로 충을 표창하였다네.
挺身臨陣作先鋒　　淸錦曾摽力戰功
多少衣冠[54]誰効死　　徒聞白足[55]獨褒忠

53　靈珪(영규): 靈圭(?~1592)의 오기. 密陽朴氏. 호는 騎虛. 충청남도 공주 출신.
　　계룡산 甲寺에 들어가 출가하고, 뒤에 休靜의 문하에서 법을 깨우쳐 그의 제자
　　가 되었다. 1592년 임진왜란이 일어나자 분을 이기지 못하여 3일 동안을 통곡하
　　고 스스로 승장이 되었다. 義僧 수백 명을 규합하여 관군과 더불어 청주성의
　　왜적을 쳤다. 관군은 패하여 달아났으나 그가 이끄는 승병이 분전하여 마침내
　　8월초 청주성을 수복하였다. 이어 의병장 趙憲이 전라도로 향하는 고바야가와
　　(小早川隆景)의 일본군을 공격하고자 할 때, 그는 관군과의 연합작전을 위하여
　　이를 늦추자고 하였다. 그러나 조헌이 듣지 않자 그는 조헌을 혼자서 죽게 할
　　수는 없다고 하면서 조헌과 함께 금산전투에 참가하였다. 그리하여 조헌이 이끄
　　는 의사와 영규가 거느린 승군은 1592년 8월 18일 금산전투에서 최후의 한 사람
　　까지 싸워 일본군의 호남침공을 저지하였다.
54　衣冠(의관): 儒者.
55　白足(백족): 後秦 때 역경승 鳩摩羅什의 제자로 고구려에 불법을 전하는 한편,
　　흙탕물을 맨발로 걸어도 발이 젖지 않는 등의 이적을 많이 행하여 白足和尙으로
　　불린 曇始를 가리킴. 전하여 도를 행하는 화상을 가리키는 말로 쓰인다.

3. 창의(倡義)

경상우도 병사 증병조판서 김면 차
慶尙右道兵使贈兵曹判書金沔[1]次

영남에서 의병을 일으키고 전공을 많이 세워 병마절도사로 발탁되
어 제수되었지만, 얼마 되지 않아 병에 걸려 죽었다.
倡義嶺南, 多立戰功, 擢授兵使, 未幾病卒。

충의는 마음에서 근본함을 사람들 아는 바
근왕을 앞장서서 주장해 영남 의병 일으켰네.
공명을 이루기도 전에 몸이 먼저 죽었으니
눈물 뿌리며 부질없이 나라 위한 슬픔 더하네.
忠義根心衆所知　　勤王倡起嶺南師
功名未了身先死　　雪涕空添爲國悲

---

1 金沔(김면, 1541~1593): 본관은 高靈, 자는 志海, 호는 松菴. 임진왜란 때 분연
   궐기하여 의병을 규합하여 開寧 지역에 있는 적병 10만과 대치하여 牛旨에 진을
   치고, 金時敏과 함께 知禮를 역습하여 대승했다. 1593년 경상우도 병마절도사
   가 되어 의병과 함께 진을 치고 善山의 적을 치려할 때 병에 걸리자 죽음을 알리
   지 말라는 유언을 남기고 죽었다.

대사성 우성전 차
大司成禹性傳[2]【景善】次

임진년 가을에 의병을 경기도에서 일으키고 추의군이라 불렀다. 김천일 등과 함께 강화도를 장악하여 남북을 통하게 하였다. 마침내 퇴각해 돌아가는 적을 함께 추격하였으나, 질병으로 사임하고 돌아와 얼마 되지 않아서 죽자 생전의 관작을 삭탈하였다. 대개 이전에 행조가 바다를 건너 평양의 왜적을 치도록 명하였으나 길이 막혀 제때에 이르지 못하였기 때문이다.

壬辰秋, 起兵畿甸, 以秋義爲號。與金千鎰等, 控扼江華, 以通南北。遂共追歸賊, 辭疾而還, 旣卒, 追削[3]其官爵。蓋嘗命越海以擊平壤之賊而不至也[4]。

---

2 禹性傳(우성전, 1542~1593): 본관은 丹陽, 자는 景善, 호는 秋淵·淵庵. 1561년 진사가 되고, 1564년 성균관 유생들을 이끌고 요승 普雨의 주살을 청원하기도 하였다. 1568년 증광 문과에 급제하고, 예문관검열·奉敎, 수찬 등을 거쳐 1576년 수원현감이 되었다. 한때 파직되었다가 여러 관직을 거쳐 1583년 應敎가 되었다. 1591년 鄭澈의 당이라 하여 배척되었지만, 1592년 임진왜란이 일어나자 풀려나와 경기도에서 의병을 모집해 秋義軍이라 하고 소금과 식량을 조달해 난민을 구제하였다. 또한 강화도에 들어가서 金千鎰과 합세해 전공을 세우고, 병선을 이끌어 적의 진격로를 차단했으며, 權慄이 수원 禿山山城에서 행주에 이르자 의병을 이끌고 지원하였다. 그 공으로 대사성으로 서용되었다. 그 뒤 퇴각하는 왜군을 경상우도 의령까지 쫓아갔으나, 과로로 병을 얻어 경기도 부평에서 사망하였다.

3 追削(추삭): 죽은 다음에 그 사람의 생전 벼슬을 깎아 없앰.

4 蔡濟恭의 《樊巖先生集》 권43 〈諡狀·贈資憲大夫吏曹判書兼知經筵義禁府事弘文館大提學藝文館大提學知春秋館成均館事五衛都摠府都摠管行通政大夫成均館大司成知製敎秋淵禹公諡狀〉에 나옴.

무엇 하러 옷자락 끊고서 모친 버렸겠는가
추의군 명성은 먼 곳 사람까지 두려워하네.
얽히고 설킨 정사는 의당 날선 칼로 푸나니
험난한 시기라야 충실한 신하 알아보는 법.
絶裾⁵何用棄慈親　　秋義軍聲懾遠人
盤錯⁶政當須利器　　艱危方始識忠臣

서쪽 트라는 조정의 명에 공력 나라에 바치려
남쪽에서 왜적의 뒤를 쫓느라 몸에 병들었네.
은전이 미치기도 전에 잇닿은 견책 무거우니
늙고 병든 몸이라 부질없이 눈시울을 적시네.
西通朝命功輸國　　南躡豺蹤⁷病促身
恩典未加追譴重　　空令衰疾淚沾巾

5　絶裾(절거): 晉나라 때 溫嶠가 國事를 위하여 집을 떠나려 하는데 그의 어머니
　최씨가 옷자락을 붙잡고 말리자, 온교가 옷자락을 끊고 가 버렸던 고사를 일컬음.
6　盤錯(반착): 뿌리가 얽히고 마디가 어그러짐. 사정이 어렵고 복잡함의 비유.
7　豺蹤(시종): 왜적의 자취를 일컬음.

4. 사관(死官)

원주목사 증이조판서 김제갑 보

原州牧使贈吏曹判書金悌甲[1]【順初】補

적이 이미 바싹 가까이 쳐들어온다는 소식을 듣고 영원산성으로 들어가서 미처 방비하기도 전에 원주의 사람으로서 왜적에게 붙어 따르는 자가 왜적을 위해 길을 안내하며 갑자기 들이닥쳐 마침내 해를 입었다.

聞賊已逼, 入翎原山城[2], 未及備, 州人附賊者[3], 鄕導猝至, 遂遇害。

상산에서 안고경처럼 막지 못하고 맞이하니

수비가 전혀 없이 적이 성에 들이닥쳤네.

---

1 金悌甲(김제갑, 1525~1592): 본관은 安東, 자는 順初, 호는 毅齋. 1553년 별시 문과에 급제, 홍문관의 정자, 병조좌랑, 정언을 거쳐 1581년 충청도관찰사를 역임하고, 1583년 우승지가 되었다. 1592년 임진왜란이 일어났을 때 원주 목사로 있었는데, 왜장 모리(森吉成)가 거느린 왜군이 관동지방을 휩쓴 뒤에 원주를 침공해오자 鴒原山城으로 들어가 방어하였다. 그러나 요새만을 믿고 따로 대비책을 세우지 않았다가, 산성의 허점을 틈탄 왜군의 공격으로 결국 성이 함락되자 부인 이씨, 아들 金時伯과 함께 순절하였다.

2 翎原山城(영원산성): 강원도 원주시 판부면 금대리에 있는 돌로 쌓은 신라시대 의 산성.

3 附賊者(부왜자): 적군에 붙어 따르는 사람. 곧 임진왜란 때 왜군에 협조한 자이다.

험지 웅거했어도 다시 역적 돕는 백성 만나니
늙은이의 몇 줄기 눈물이 격정 속에 넘치리라.

常山⁴不作杲卿⁵迎　　守備全無賊逼城
據險更逢民助逆　　幾行衰淚激情橫

상주목사 김해 차
尙州牧使金澥⁶【士晦】次

적이 상주를 점거하였는데, 오히려 지경을 벗어나지 않고 있다가
끝내 해를 입었다.

4　常山(상산): 중국 하북성 冀州에 있는 산.
5　杲卿(고경): 顔杲卿. 당나라 때 安祿山이 난을 일으켜 수도 長安으로 진격하면
　서 藁城에 이르자, 常山太守였던 안고경은 명색이 節度使인 안녹산을 찾아가
　인사를 하지 않을 수 없었다. 안녹산 밑에서 營田判官이었던 그를 상산태수로
　만들어준 당사자가 안녹산이었기 때문이다. 안고경이 능히 막지 못하여, 장사
　袁履謙과 더불어 거짓으로 안녹산을 맞으니, 안녹산이 붉은 옷을 주었다. 안고
　경이 받아 입고 가다가, 中路에서 옷을 가리키며 원이겸에게 일러 말하기를 ,
　"어찌하여 이 옷을 입었겠는가?"라고 하니, 원이겸이 알아듣는지라, 드디어 한
　가지로 꾀하여 의병을 일으켜 안녹산의 군대와 혈전을 벌였으며, 성이 함락되자
　안녹산을 향해 꾸짖기를, "臊羯狗야 어찌 나를 빨리 죽이지 않느냐"라고 하며
　끝내 굴복하지 않고 죽었다.
6　金澥(김해, 1534~1593): 본관은 禮安, 자는 士晦, 호는 雪松. 공주 출신. 1560
　년 진사가 되고, 1564년 식년 문과에 급제하였다. 1571년 형조좌랑, 1573년 지
　평을 거쳐 이듬해 장령이 되었으며, 1576년 사간으로 승진하였다. 1592년 상주
　목사로 재임 중 임진왜란을 당하여 당황한 나머지 순변사 李鎰을 맞이한다는
　핑계로 성을 떠나 피신하였다. 그러나 뒤에 판관 鄭起龍과 함께 鄕兵을 규합하
　여 開寧에서 왜군을 격파하고 상주성을 일시 탈환하기도 하였다. 이듬해 왜적에
　게 포위되어 항전하다가 전사하였다.

賊據尙州, 猶不出境, 卒遇害。

몸 바쳐 나라 위해 죽을 기회 잃지 않았으니
국난을 당하여 지방관이 어질었음을 알지라.
생각컨대 낙양성 아래서 돌아가려는 꿈에서도
뜻밖에 찾아드는 것은 몹시 그리는 고향일세.
將身不失死封疆　　臨難方知共理[7]良
想得洛陽城下夢　　倘來應是苦思鄕

---

7 共理(공리): 임금이 다스리는 곳을 나누어 함께 다스린다는 뜻. 지방관으로 나가
　　는 것을 말한다.

5. 보필(輔弼)

인성부원군 정철 차
寅城府院君鄭澈[1]【季涵】次

확고하여 좋든 궂든 늘 굳세고 굽히지 않으니
누가 대궐 향해서 홀을 대신 받들게 하겠나.
백옥이 어찌 쉬파리로 인해 더러워질 것이며
황국이 나비 받아들일 것 아니니 흔들리겠나.

---

1 鄭澈(정철, 1536~1593): 본관은 延日, 자는 季涵, 호는 松江. 어려서 仁宗의
淑儀인 맏누이와 桂林君 李瑠의 부인이 된 둘째누이로 인하여 궁중에 출입하였
는데, 이때 어린 慶原大君(明宗)과 친숙해졌다. 1545년 을사사화에 계림군이
관련되자 부친이 유배당하여 配所를 따라다녔다. 1551년 특사되어 온 가족이
고향인 전라도 담양 昌平으로 이주하였고, 그곳에서 金允悌의 문하가 되어 星山
기슭의 松江 가에서 10년 동안 수학하였다. 1561년 진사시에, 이듬해의 별시
문과에 각각 장원하여 典籍 등을 역임하였고, 1566년 함경도 암행어사를 지낸
뒤 李珥와 함께 賜暇讀書하였다. 1578년 掌樂院正에 기용되고, 곧 이어 승지에
올랐으나 珍島 군수 李銖의 뇌물 사건으로 東人의 공격을 받아 사직하고 고향으
로 돌아왔다. 1580년 강원도 관찰사로 등용되었고, 3년 동안 강원·전라·함경도
관찰사를 지냈다. 1589년 우의정에 발탁되어 鄭汝立의 모반사건을 다스리게 되
자 西人의 영수로서 철저하게 동인 세력을 추방했고, 이듬해 좌의정에 올랐고
寅城府院君에 봉해졌다. 그러나 1591년 建儲문제를 제기하여 동인인 영의정 李
山海와 함께 光海君의 책봉을 건의하기로 했다가 이산해의 계략에 빠져 혼자
광해군의 책봉을 건의했다. 이때 信城君을 책봉하려던 왕의 노여움을 사 파직되
었고, 晉州로 유배되었다가 이어 江界로 移配되었다. 1592년 임진왜란 때 부름
을 받아 왕을 의주까지 호종, 이듬해 謝恩使로 명나라에 다녀왔다. 얼마 후 동인
들의 모함으로 사직하고 강화의 松亭村에 寓居하면서 만년을 보냈다.

確然夷險一剛腸²　　誰向明堂³替奉璋
白璧豈因蠅汚穢⁴　　黃花非受蝶搖狂

두 조정의 영광 오욕 주위에 한갓 남아 있어
삼사의 공훈 존귀하여도 없어지지 아니하네.
나라 걱정의 지극한 정성 응당 안 없어지니
동해를 기울여 남쪽 지방 씻겨지길 바라네.
【협주: 蝶은 잡손님을 가리킨다.】
兩朝寵辱環空在　　三事⁵勳庸鼎未亡
憂國至誠應不泯　　佇傾東海洗南疆
【蝶指雜客】

2　剛腸(강장): 굳센 창자라는 뜻으로, 굳세고 굽히지 않은 마음을 비유적으로 이르는 말.
3　明堂(명당): 임금이 조회를 받던 政殿.
4　蠅汚穢(승오예):《詩經》〈小雅·青蠅〉에 "윙윙거리는 파리여, 울타리에 앉았도다. 개제한 군자는 참소하는 말을 믿지 말지어다.(營營青蠅, 止于樊. 豈弟君子, 無信讒言.)"라고 하였는데, 그 傳에 "쉬파리는 더러워서 백색과 흑색을 변란시킨다.(青蠅汚穢, 能變白黑.)"라고 한 데서 나온 말. 곧 소인이 충량한 사람을 모해하는 것을 비유한다.
5　三事(삼사): 하늘을 섬기고, 땅을 섬기고, 사람을 다스리는 일을 하는 신하. 즉 三公과 六卿이다.

판중추부사 익성군 홍성민 차
判中樞府事益城君洪聖民[6]【時可】次

누가 치의를 노래하여서 국풍을 계승했나
그동안 우뚝한 공훈이 공 같은 이 드무네.
변경을 방위함은 백성만 살려낸 것이랴
조정에서 끝내 임금의 몸을 보필하였네.
誰賦緇衣[7]繼國風　　向來勳業少如公
藩方可但蘇黔首[8]　　廊廟[9]終當翊聖躬[10]

갑자기 기미성을 타고 어렴풋이 멀리 가니
참담하게도 시정 조정이 빈 것 외려 깨닫네.

6　洪聖民(홍성민, 1536~1594): 본관은 南陽, 자는 時可, 호는 拙翁. 1564년 식년
　　문과에 급제하여 정자·교리 등을 지냈으며, 대사간을 거쳐 1575년 호조참판에
　　이르러 사은사로 명나라에 건너가 宗系辨誣에 대하여 힘써, 명나라 황제의 허락
　　을 받아 가지고 돌아왔다. 그 뒤 부제학·예조판서·대사헌·경상감사 등을 역임
　　하였다. 1590년 익성군에 봉하여졌다. 1591년 판중추부사가 되었다가 建儲問題
　　로 鄭澈이 실각하자, 그 일당으로 몰려 북변인 부령으로 유배되었다가 1592년
　　임진왜란이 일어나자 특사로 풀려나 복관되어 대제학을 거쳐, 호조판서에 이르
　　렀다. 같은 해에 모친상을 당하여 삼년상을 마치기 전에 죽고 말았다.
7　緇衣(치의):《詩經》〈鄭風〉의 편명. 賢士를 예우하는 내용으로 되어 있다.《禮
　　記》〈緇衣〉에 "현인을 좋아하기를 치의처럼 하고, 악인을 미워하기를 巷伯처럼
　　하면, 벼슬을 번거롭게 하지 않고도 백성들이 조심할 줄 알게 될 것이며, 형벌을
　　시험하지 않고도 백성들이 모두 복종할 것이다.(好賢如緇衣, 惡惡如巷伯, 則爵
　　不瀆而民作愿, 刑不試而民咸服.)"라는 공자의 말이 실려 있다.
8　黔首(검수): 검은 두건을 머리에 둘렀다는 뜻으로, 일반 백성을 가리킴.
9　廊廟(낭묘): 조정. 조정의 정사를 논의하는 건물을 뜻하는 말로, 조선시대에 의
　　정부를 가리키는 말로도 쓰였다.
10　聖躬(성궁): 임금의 몸을 높여 이르는 말.

늙은 나이에 세상살이에서 단심 다했음 알고
가을하늘 향해 통곡하니 한스러움 끝없어라.
縹緲[11]奄騎箕尾[12]遠　慘悽還覺市朝空
衰年世路知心盡　哭泝秋天恨不窮

우참찬 이산보 차
右參贊李山甫[13]【仲擧】次

몸을 잊고 나라 위해 죽으려는데 병이 따르니
서둘러 앗아가 나라가 병드니 도리어 놀라네.
중흥에 힘써 이루렸던 공 다 마치지 못했거늘

---

11 縹緲(표묘): 끝없이 넓거나 멀어서 있는지 없는 알 수 없을 만큼 어렴풋함.
12 騎箕尾(기기미): 재상의 죽음을 일컫는 말. 《莊子》〈大宗師〉의 "부열은 도를 터
    득하고 무정을 도와 천하를 모두 소유하였으며, 죽은 뒤에는 별이 되어 동유성을
    타고 기성과 미성에 올라 열성과 나란히 있게 되었다.(傅說得之, 以相武丁, 奄
    有天下, 乘東維, 騎箕尾, 而比於列星.)"에서 나오는 말이다.
13 李山甫(이산보, 1539~1594): 본관은 韓山, 자는 仲擧, 호는 鳴谷. 1567년 사마시
    를 거쳐, 1568년 증광 문과에 급제해 승문원의 추천으로 춘추관에 들어갔다.
    그 뒤 典籍·해미현감·正言 등을 지냈으며, 왕명을 받고 순안어사(巡按御史)로
    북도(北道)를 순찰하고 돌아와 이조정랑 등을 역임하였다. 1589년 鄭汝立의 모반
    사건인 기축옥사가 일어나자 대사간의 자리에서 난국을 수습하고, 이듬해 聖節使
    로 명나라에 다녀온 후 다시 대사헌이 되었다. 1591년 황해도관찰사로 있다가
    建儲問題(왕세자의 책봉 문제)로 정철 등 서인이 화를 당하자 이에 연루, 곧 파직되
    었다. 1592년 임진왜란이 일어나자 선조를 호종했고, 대사간·이조참판·이조판서
    등을 역임하였다. 명나라 군대가 遼陽에 머물면서 진군하지 않자 명나라 장군
    李如松을 설득해 명군을 조선으로 들어오게 하는 데 큰공을 세웠다. 1594년 대기근
    이 들자 동궁의 명을 받고 밤낮으로 구휼에 힘쓰다가 병을 얻어 죽었다.

옛 동료들 유난히 기개있는 신하라며 슬퍼하네.

忘身殉國病相隨   奪速還驚殄瘁[14]期

力贊中興功未畢   舊僚偏爲介臣[15]悲

호조판서 이성중 차
戶曹判書李誠中[16]【公著】次

군사들에게 군량을 조달하는 노고로 병들어 남쪽 지방에서 죽었고, 그의 아들인 의주 목사 이유징 또한 관아에서 죽었다. 부자가 서로 떨어져서 죽은 것을 서로 알지 못하였으니 애달플 따름이었다.

以餉軍勞瘁, 卒于南中。其子義州牧使幼澄[17], 亦卒于官。父子

---

14 驚殄瘁(경진췌): 훌륭한 사람이 죽어서 나라가 병드는 것에 대한 슬픔을 일컫는 말. 《詩經》〈瞻仰〉의 "훌륭한 사람이 죽으니, 나라가 끊기고 병이 들리라.(人之 云亡, 邦國殄瘁.)"에서 나오는 말이다.

15 介臣(개신): 斷斷一介臣의 준말. 한결같이 誠心으로 대하면서 남을 포용하는 아름다운 덕의 소유자를 가리킨다. 《書經》〈秦誓〉의 "가령 어떤 한 신하가 있어, 그저 한결같이 정성스럽기만 할 뿐 다른 특별한 재주는 없다 하더라도, 그 마음 씨가 아름다워 남을 포용하는 것과 같은 점이 있으면(若有一介臣, 斷斷兮無他 技, 其心休休焉, 其如有容焉.)"에서 나오는 말이다.

16 李誠中(이성중, 1539~1593): 본관은 全州, 자는 公著, 호는 坡谷. 1558년 진사 시에 합격하고, 1570년 承仕郎으로서 식년 문과에 급제하였다. 1571년 검열·주서를 거쳐 1573년 사복시주부, 호조·예조·병조의 좌랑, 홍문관수찬, 이조좌 랑에 지제교를 겸임하였다. 1585년 좌승지, 1586년 대사간, 1587년 홍문관부제 학을 지냈다. 1592년 4월 임진왜란이 일어나자 수어사가 되어 임금을 호종해 평양에 이르러 호조판서가 되고, 선조의 遼東 피난을 반대하였다. 7월에는 중국 九連城에 파견되어 명나라의 원병을 청했고, 원병이 오자 李如松 군대의 식량 조달을 위해 진력하다가 1593년 7월 함창에서 과로로 병사하였다.

17 幼澄(유징): 李幼澄(1562~1593). 본관은 全州, 자는 澄源. 1583년 알성 문과에

相離而死, 不相聞知, 可哀也已。

영외에서 군량 조달한 일 보면 알 수 있으니
끝내 심계를 이루려는 승부로 정신이 지쳤네.
남쪽 변경과 서쪽 변방 사이가 거의 천 리이거늘
혼백이 의지할 곳 없었으니 내 마음 슬퍼라.

嶺外調粮事可知   竟將心計[18]賭神疲
南邊西塞幾千里   魂魄無依增我悲

좌의정 기성부원군 유홍
左議政杞城府院君兪泓[19]【止叔】

조정에서의 풍모 절조가 공경 중에 으뜸인데

급제, 승문원을 거쳐 예문관검열에 서임되었다. 1588년 사신을 수행해 質正官
으로 명나라에 다녀왔다. 1592년 임진왜란이 일어나자 체찰사 崔興源의 종사관
으로 황해도 지방에 파견되었다. 서울이 위태롭다는 급보를 듣고 달려와 선조를
서울 근교 沙峴에서 만나, 그 뒤 의주까지 호종해 공신으로 책록되었다. 선조가
의주에 머물러 명나라에 원병을 청할 때 李恒福 막하에서 계책을 세워 평양 탈
환에 큰 공을 세웠다. 1593년 의주목사 겸 병마절제사가 되어 장졸을 통어하다
가 과로로 죽었다.

18 心計(심계): 마음속으로 깊이 궁리하거나 계획함.
19 兪泓(유홍, 1524~1594): 본관은 杞溪, 자는 止叔, 호는 松塘. 1553년 별시 문
    과에 급제, 승문원 정자·典籍·지제교·持平·掌令·집의 등 문관 요직을 역임하
    였다. 1557년 강원도 암행어사로 나가 민심을 수습하고, 1563년 권신 李樑의
    횡포를 탄핵하였다. 이듬해 試官으로 李珥를 뽑았으며, 1565년 文定王后 상사
    때에는 山陵都監으로 치산의 일을 맡았고, 춘천부사가 되어서는 선정을 베풀어
    선정비가 세워졌다. 1573년 함경도병마절도사로 회령부사를 겸했고, 그 뒤 개성

나라 걱정으로 부질없이 더욱 머리털 세었네.
공훈 명성 이미 이루어 대려의 맹세 있었건만
도리어 지위 명망을 지니고도 재상을 맡았네.
立朝風節冠公卿　　憂國空添鬢髮明
已了勳名盟帶礪[20]　　還將地望秉均衡[21]

시국 위태로워 재상으로서 중용 다할 줄 몰라
올바른 도가 크니 참소를 한들 무엇 상심하랴.
여전히 힘입은 홍은이 끝까지 변함이 없으니
고향의 무덤에서 용이 떨쳐 새로이 일어나네.
時危不盡鹽梅[22]用　　道大何傷貝錦[23]成

부유수를 거쳐 충청·전라·경상·함경·평안도의 관찰사와 한성판윤 등을 역임
했다. 1587년 명나라에 사신으로 가서 이성계가 고려의 권신 李仁任의 아들로
잘못된 것을 바로잡았으며, 1589년 좌찬성으로서 판의금부사를 겸해 鄭汝立의
逆獄을 다스렸다. 1590년 杞城府院君에 봉해졌으며, 이조판서·우의정에 올랐
다. 1592년 임진왜란 때 선조를 호종했고, 평양에서 세자(뒤의 광해군)와 함께
종묘사직의 신위를 모시고 동북방면으로 가 도체찰사를 겸임하였다. 1594년 좌
의정으로서 해주에 있는 왕비를 호종하다가 객사하였다.

20　盟帶礪(맹대례): 山礪河帶. 황하가 허리띠처럼 좁아지고 태산이 숫돌처럼 작게
　　되도록 공신의 집안을 영원히 보호해 주겠다는 맹세.

21　均衡(균형): 鈞衡. 국가 정무의 중임을 담당하는 재상을 이르는 말. 정치를 공평
　　하게 한다는 뜻이다.

22　鹽梅(염매): 소금과 매실. 《書經》〈商書·說命下〉에 은나라 武 임금이 재상 傅
　　說에게 "여러 가지 양념을 넣고 국을 끓일 때면, 그대가 간을 맞출 소금과 매실이
　　되어 주오.(若作和羹, 爾惟鹽梅.)"라고 한 데서 나오는 말이다. 재상의 지위에
　　올라 국정을 주도하는 것을 뜻한다.

23　貝錦(패금): 자개 무늬의 비단. 《詩經》〈小雅·巷伯〉의 "형형색색 문체가 있는
　　것으로 이 자개 무늬의 비단을 짜다.(萋兮斐兮, 成是貝錦.)"에서 나오는 말이

尙賴鴻恩終未替　　龍驤新起²⁴故原瑩

병조판서 심충겸
兵曹判書沈忠謙²⁵【公直】

난리 초에 동궁(東宮: 광해군)을 모시고 갖은 고난을 두루 겪은 뒤에
행조(行朝: 행재소)로 돌아와 비변사의 유사 당상이 되어 군량 관리를
전담하였는데 공로가 가장 많았다. 일찍이 좌찬성과 서로 친하였지
만 늦게야 그의 잘못을 깨달아 자주 말 속에 드러냈는데, 마침내
배척을 받다가 얼마 되지 않아 병들어 죽었다.

亂初, 陪侍東宮, 備嘗險阻, 旣還行朝, 爲備邊司有司堂上²⁶, 專

다. 참소하는 사람이 남의 작은 잘못을 그럴듯하게 꾸며서 큰 죄가 있는 것처럼
하는 것을 가리킨다.

24　龍驤新起(용양신기): 雲起龍驤을 활용한 표현. 구름이 일고 용이 올라간다는
뜻으로, 영웅이 떨쳐 일어남을 일컬음.

25　沈忠謙(심충겸, 1545~1594): 본관은 靑松, 자는 公直, 호는 四養堂. 서인의
영수인 沈義謙의 동생이며 明宗妃 仁順王后의 동생이다. 1564년 사마시에 합
격하고, 1572년 친시문과에 장원으로 급제하였다. 1578년에 獻納이 되고 이어서
僉正·司藝·禮賓寺副正이 되었다. 1582년에 춘천 부사, 1584년에 軍資寺·內贍
寺의 正, 1588년에 여주 목사·호조참의·병조 참지, 1590년에 대사간·형조참
의, 이듬해 형조참판을 거쳐 부제학이 되었다. 1592년에 임진왜란이 일어나자
병조참판 겸 備邊司提調가 되어 선조를 호종했고, 세자 호위의 명을 받아 왜적
방비에 힘썼다. 1593년에 호조와 병조의 참판으로 군량미 조달에 공헌했으며,
이듬해 병조판서에 특진되었다.

26　有司堂上(유사당상): 관아의 사무를 전담하여 맡아보는 당상관. 비변사의 당상
관들로 하여금 각도에서 올라오는 공문과 각종 공사를 원활하게 처리하도록 하
기 위해 설치되었다.

管兵糧, 功勞最多。嘗與一相[27]相善, 晩覺其非, 屢形於言, 遂爲所擠, 未幾病卒。

일찍 장원급제하여 지위가 상경에 올랐으니
재상 집안이 가문의 명성 잇는데 욕됨 없네.
뛰어난 풍채에 절묘한 문재를 혼자 차지하고
학의 골격으로 맑은 도의 기상 다퉈 전하네.
早擢龍頭位上卿　　相門無忝繼家聲
鳳毛[28]自擅文才妙　　鶴骨爭傳道氣淸

길 막혀 나라가 위태한 일 어찌 족히 따지랴
만년에 깨달을 줄 알아 다시금 더욱 놀랬네.
나랏일에 신명 바쳐 이바지하니 거듭 탄식하고
노고 보답하지 못했거늘 비방이 이미 행해졌네.
末路[29]傾危[30]何足數　　晩年知悟更堪驚
重嗟盡瘁供王事　　賞未酬勞謗已成

27　一相(일상): 조선시대 二相 가운데 으뜸이라는 뜻으로 좌찬성을 일컫는 말. 崔
　　滉인 듯하다.《宣祖實錄》1594년 3월 9일 1번째 기사에 의하면, 崔滉은 일찍이
　　말에서 내리지 않은 죄를 범한 사람을 붙잡아 수염을 모두 뽑아 버렸으니 그
　　악독함이 이와 같았으며, 처음에는 정철에게 붙었으나 정철의 세력이 제거된
　　후에는 다시 홍여순 등에 붙었다는 사관의 평이 있는데, 이를 가리는 키는 것으
　　로 보인다.
28　鳳毛(봉모): 뛰어난 풍채. 뛰어난 글재주.
29　末路(말로): 궁지. 인생의 끝 무렵.
30　傾危(경위): 나라를 위태롭게 하는 일.

6. 대장(大將)

유도대장 영의정 한산부원군 이양원 보
留都大將領議政漢山府院君李陽元[1]【伯春】補

나라의 안위 대신에게 걸렸다고 말하지 말라
고명한 현인 국사에 관심 끊으면 신고만 남네.
배 만들어 이미 바다로 나는 듯이 가던 날
내려준 부월 번득이니 곧 순수가 이루어졌네.
莫道安危繫大臣　　高賢事去只酸辛
作舟已屬溟飛日　　授鉞翻仍岳狩[2]辰

토붕 형세에서 공적 못 이룸이 늘 애석하더니
별이 떨어져 수차례 도로 주둔한 것 어찌 알랴.
속절없이 들보 위의 달 전해준 마음 남아 있어

1　李陽元(이양원, 1526~1592): 본관은 全州, 자는 伯春, 호는 鷺渚. 1555년 알성
　　문과에 급제, 檢閱·著作을 거쳐 1563년 호조참의가 되었다. 1590년 한산부원군
　　에 봉해졌고, 1591년 우의정에 승진하였다. 1592년 임진왜란이 일어나자 留都
　　大將으로 수도의 수비를 맡았으나 한강 방어의 실패로 楊州로 철수, 分軍의 부
　　원수 申恪과 함경도병마절도사 李渾의 군사와 합세해 蟹踰嶺에 주둔, 일본군과
　　싸워 승리한 뒤 영의정에 올랐다. 이때 의주에 피난해 있던 선조가 遼東으로
　　건너가 內附(딴 나라에 들어가 붙음)한다는 소식을 전해 듣고, 탄식하며 8일간
　　단식하다가 피를 토하고 죽었다 한다.
2　岳狩(악수): 임금의 巡狩를 일컫는 말.

고인을 추억하니 한밤중에 눈물을 흘리누나.

每惜土崩³功未遂　　那知星隕數還屯

空餘樑月傳神⁴在　　想像中宵泣故人

3　土崩(토붕): 土崩瓦解. 흙이 무너지고 기와가 깨지듯이 일이 지극히 혼란스러워
　　도저히 수습할 수 없는 지경에 이른 것을 말함.
4　樑月傳神(양월전신): 들보에 걸린 달 마음을 전해줌. 친구를 생각하는 간절한
　　마음을 비유적으로 표현한 것이다.

7. 호종(扈從)

한성부판윤 박숭원 차
漢城府判尹朴崇元[1]【尙初】次

용만까지 대가를 호종하다가 중병에 들더니만
조정의 동료 누가 움직이지 않아 죽게 했는가
혼이 외딴 변방에 지내려 해도 누구 의탁하나
고향집은 서로 떨어져서 갈 길이 더욱 머네.

扈駕龍灣病入肓　　同朝[2]誰不動云亡[3]
魂棲絶域誰堪托　　家室相離路更長

1　朴崇元(박숭원, 1532~1592): 본관은 密陽, 자는 尙和. 1564년 별시 문과에 급
　　제하여 承文院權知正字가 되었고, 얼마 뒤 병조좌랑을 거쳐 수찬·교리·동부승
　　지 등을 역임하였다. 그 뒤 외직으로 나가 강원도관찰사를 지내고, 다시 내직으
　　로 돌아와 우부승지가 되었다. 1592년 임진왜란 때에 왕을 호종하였으며, 한성
　　부판윤이 되어 병사했다.
2　同朝(동조): 조정의 동료.
3　云亡(운망): 임금을 훌륭히 보좌할 현인이 없어 나라가 위태롭게 된 것을 말함.
　　《詩經》〈大雅·瞻卬〉의 "사람이 없어 나라가 병드는구나.(人之云亡, 邦國殄
　　瘁.)"에서 나오는 말이다.

병조참의 황정식 차
兵曹參議黃廷式⁴【景中】次

인친 관계로 속마음 함께하였을 뿐 아니라
도리어 동료의 인연으로서 흉금을 터놓았네.
평양에서 갑자기 죽어 허둥지둥하던 날에
골짜기에 숨어서 전해 듣고 하염없이 울었네.

不但姻親同肺腑⁵　　還將僚契⁶照心肝
箕城⁷奄歿遑遑日　　竄谷傳聞淚倍潸

승정원우승지 류몽정 보
承政院右承旨柳夢鼎⁸【景任】補

행궁에서 복명하던 때 보지 못하였더니

4　黃廷式(황정식, 1529~1592): 본관은 長水, 자는 景中. 長溪府院君 黃廷彧의
　　형이다. 1561년 식년 문과에 급제하여 정언에 임명되었다. 1580년 삼척부사 및
　　파주목사를 거쳐 1587년 우부승지에 제수되었으며, 곧 승지에 올랐다. 1592년
　　임진왜란이 발발하자 그 해 5월 강원도로 의병을 모집하기 위해 떠났다가 다시
　　돌아와 선조를 호종하다가 평양전투에서 전사하였다.
5　肺腑(폐부): 골육과 같은 뜻. 가까운 친척을 가리킨다. 마음의 깊은 속 또는 속마
　　음으로도 쓰인다.
6　僚契(요계): 같은 관청에서 근무하는 사람들.
7　箕城(기성): 평양의 다른 명칭.
8　柳夢鼎(류몽정, 1527~1593): 본관은 文化, 자는 景任, 호는 鶴巖. 1567년 사마
　　양시에 합격한 뒤 음직으로 현감에 임명되었고, 1574년 별시문과에 급제하였다.
　　1581년 영암군수, 1587년 성주목사로 재직하다가 파직 당하기도 하였다. 1592
　　년 승정원 우부승지에 임명되었다. 임진왜란이 일어나자 성절사로 명나라에 파
　　견되어 조선의 위급한 상황을 보고하고 구원병을 요청, 명나라 군대를 끌어오는

뜻밖의 부음에 놀라서 임금도 슬퍼하네.

소싯적의 친지와 옛 벗들 모두 죽으니

오늘은 흘러내리는 눈물 금하기 어렵네.

不見行宮復命時　　俄驚凶訃動宸悲

少年親舊都歸盡[9]　　此日難禁涕泗垂

이조참의 이괵 보
吏曹參議李碅[10]【汝震】補

기질이 침착하고 진중한 데다 주장하는 것이 또한 공평하였다.

처음부터 끝까지 대가를 호종하다가 도성으로 돌아와 병들어 죽었다.

　氣質沈重, 持論亦平。終始扈從, 還都病卒。

말고삐를 잡고 주군 따라 옛 도성에 돌아가니

충성 노고는 훈맹에 참여하는 것이 합당하네.

공평한 마음의 의론은 이제 누가 이으려나

벗과 동료만 정령이 승천하길 곡할 뿐이네.

羈紲從君[11]返舊京　　忠勞端合預勳盟[12]

데 공을 세웠다. 임무를 마치고 귀국 도중 병으로 죽었다.

9　歸盡(귀진): 죽음으로 돌아감.

10　李碅(이괵, 1551~1592): 본관은 廣州, 자는 汝震. 1576년 생원시에 장원으로 급제하고 1583년 별시문과에 급제하였으며, 선조의 師傅를 지냈다. 1592년 임진왜란 때 부제학으로서 선조를 호종하면서 명나라의 李如松 제독을 접대하기도 하였다. 이조참의를 역임하였다.

平心論議今誰繼　　唯見朋僚哭上玒[13]

호조좌랑 한연
戶曹佐郎韓淵[14]

대가를 서쪽의 변경 끝까지 어렵게 모시고
걷느라 발이 부르튼들 수고를 어찌 거절하랴.
바야흐로 호조가 그 직책을 다했다고 말하니
홀연히 지붕 중앙에 올라 서서 혼을 부르네.
間關[15]陪從窮西極　　徒步寧辭足繭[16]勞
方道度支[17]能盡職　　忽驚中屋已呼皐[18]

---

11 羈絏從君(기설종군):《春秋左氏傳》僖公 24년의 "제가 말고삐를 잡고 주인님
　　을 따라 천하를 돌아다니는 동안 저지른 죄가 매우 많습니다.(臣負羈絏, 從君巡
　　於天下, 臣之罪甚多矣.)"에서 나오는 말. 말고삐를 잡고 수행한다는 뜻이다.

12 勳盟(훈맹): 나라에 훈공이 있어 임금과 함께 犧牲의 피를 마시면서, 公臣會盟
　　錄에 誓盟하고 署名하는 일.

13 上玒(상공): 精靈이 하늘로 상승함.

14 韓淵(한연, 생몰년 미상): 본관은 淸州. 아버지는 韓參德이다. 무과에 급제한
　　뒤 선전관을 거쳐, 1592년 임진왜란 때 호조 좌랑으로서 의주로 왕을 호종하였
　　고, 공조 정랑에 이르렀다. 그 뒤 얼마 안 되어 1595년 이전에 사망한 듯하다.

15 間關(간관): 길이 울퉁불퉁하여 걷기 곤란한 상태.

16 足繭(족견): 足繭. 발이 부르틈.

17 度支(탁지): 戶曹를 달리 이르는 말.

18 中屋已呼皐(중옥이호고):《儀禮》〈士喪禮〉의 "당 앞의 동쪽 처마를 통해 올라
　　가 지붕 중앙에 서서 북쪽을 바라보며 죽은 자의 옷을 흔들며 招魂하는데, 목청
　　을 길게 뽑아 '아무개는 돌아오시오.'라고 세 번을 소리친다.(升自前東榮, 中屋,
　　北面招以衣, 曰皐某復三.)"에서 나오는 말. 초혼하는 예를 일컫는다.

지중추부사 윤우신
知中樞府事尹又新[19]【善修】

압록강 서쪽으로 파천하는 것이 더욱 곤궁하자
허둥지둥 도망쳐 숨느라 따르는 신하가 드무네.
공만 홀로 뒤쫓아 가서 끝까지 호종하였으니
이승에서 임금 저버리지 않아야 함을 알았네.
鴨江西幸益艱屯[20]　　躱去紛紛少從臣
公獨追奔終扈聖[21]　　此生知免負君親

---

19 尹又新(윤우신, 생몰년 미상): 본관은 南原, 자는 善修. 아버지는 尹澄이다.
　　1561년 식년시 문과에 급제하였다. 1573년 안악군수에 이어 함흥판관이 되었다.
　　1581년 창원부사로 있다가 파직되었다. 이 후 迎慰使, 안주목사, 나주목사를
　　거쳤다. 1592년 임진왜란 때에는 지중추부사로 急告使가 되었으며, 같은 해 호
　　조참판이 되었다. 이 후에 동지의금부사가 되었다.
20 艱屯(간둔): 屯卦의 艱苦함이란 뜻. 만물이 싹이 터서 지면을 뚫고 나오려고
　　하나 그것이 무척 어려움을 뜻한다.
21 扈聖(호성): 扈從. 임금이 탄 수레를 호위하여 따름.

8. 전사(戰死)

순변사 신립 보
巡邊使申砬[1]【立之】補

나라의 존망 걸머진 몸 교외의 진루에 있으니
원수의 목숨을 어찌 부질없이 버릴 수 있으랴.
전쟁에서의 승패는 늘 있어온 일이거니와
단지 당초에 요새지 못 차지한 것이 한스럽네.

身繫存亡壘[2]在郊　　元戎[3]性命[4]豈徒抛
兵家勝敗由來事　　獨恨當初不據崤[5]

1　申砬(신립, 1546~1592): 본관은 平山, 자는 立之. 1567년 무과에 급제하여
　　1583년 온성부사가 되어 북변에 침입해온 尼湯介를 격퇴하고 두만강을 건너가
　　野人의 소굴을 소탕하고 개선, 1584년 함경북도 병마절도사에 올랐다. 1590년
　　평안도병마절도사에 보직되고 이듬해 한성부 판윤을 거쳤으며, 1592년 임진왜
　　란 때 三道都巡邊使로 임명되어 忠州 獺川江 彈琴臺에서 背水之陣을 치며 왜
　　군과 분투하다 패배하여 부하 金汝岉과 함께 강물에 투신 자결했다.
2　壘(루): 陣壘. 진을 친 보루.
3　元戎(원융): 元帥, 大將을 일컫는 말.
4　性命(성명): 천성과 천명.
5　崤(효): 崤山. 중국 하남성에 있는 산 이름으로 고대의 군사 요지.

수어사 신할 보
守禦使申硈[6]【仲堅】補

원래 임금의 사랑 뼛속에 깊게 스며들어
오직 나라 위해 죽으며 붉은 충정 다했네.
싸우다 일패한 것 사람들 입에 오르내리니
몸 바쳐 곧장 돌진했던 마음 누가 알리오.

自是君恩浹骨深　　唯知死國効丹忱
競將一敗資牙頰　　誰識忘身直擣心

조방장 원임 충청도수사 유극량 보
助防將原任忠淸道水使劉克良[7]【景善】補

임진강 전투에서 군사들이 모두 달아나 무너졌다. 유극량이　일이

6　申硈(신할, 1548~1592): 본관은 平山. 申砬의 동생이다. 1567년 무과에 급제하
　　여 비변사에 보임된 뒤 1589년 慶尙道左兵使를 지냈다. 1592년 임진왜란이 일
　　어나자 咸鏡道兵使가 되어 선조의 몽진을 호위한 공으로 京畿守禦使兼南兵使
　　에 임명되었다. 이후 都元帥 金命元과 임진강에서 9일 동안 왜적과 대치하다가
　　都巡察使 韓應寅의 병력을 지원받아 심야에 적진을 기습하였으나 복병의 공격
　　을 받아 그 자리에서 순절하였다.

7　劉克良(유극량, ?~1592): 본관은 延安, 자는 仲武. 당시의 신분 제도에서는 과
　　거에 응시할 수 없는 노비 출신이었으나, 洪暹의 깊은 배려로 노비 신분을 면제
　　받았다. 여러 무관직을 거친 뒤 1591년 전라좌수사가 되었다. 1592년 임진왜란
　　이 일어나자 申硈의 助防將이 되어 전임하였다. 竹嶺을 방어하다가 패배하자,
　　군사를 영솔해 방어사 申硈의 밑에 들어가 그 부장이 되었다. 대장 신할과, 마침
　　1,000명의 군졸을 이끌고 그 곳에 달려온 도순찰사 韓應寅 등과 함께 임진강을
　　방어하다가 전사하였다.

이루어지지 않을 것을 알고 퇴각하려 하였는데, 주장 신할이 그를 불러 말하기를, "극량 또한 달아나느냐?"라고 하니, "그렇다면 늙은 이 몸도 마땅히 이곳에서 죽을 것입니다."라고 하였다. 마침내 같이 진격하였는데, 힘을 다하여 싸워 적을 사살한 것이 매우 많았으나 화살이 떨어져 해를 입었다.

臨津之戰, 軍皆奔潰. 克良知事不濟, 欲退, 主將申硈呼曰: "克良亦走乎?"曰: "然則老夫當死於此." 遂同進力戰, 射殺賊甚多, 矢盡遇害。

깊은 기지 거두어져 옛 명장과 필적하였으나
운수 다하니 어찌 기이한 책략 펼 수 있으랴.
응당 원통함은 피로도 다 없애기 어려우리니
강에서 죽으니 물결은 목이 메어 못 흐르네.
卑收沈幾[8]古將儔　　運窮那得展奇謀
只應冤血消難盡　　化作江波咽不流

8　沈幾(심기): 침착한 기지. 기미를 깊이 헤아림.

9. 원사(冤死)

부원수 신각 차
副元帥申恪[1]【敬仲】次

신각은 도원수의 지휘를 어겼다고 하여 군중에서 참수되었다. 형벌을 집행할 사자(使者)가 이미 해령으로 떠났는데, 승전보가 이르렀으니 적을 많이 베어 죽인 공이 있었다. 즉시 역마를 달려가게 하여 참수를 중지토록 했으나 나중에 보낸 사자가 천천히 가서 제때에 미치지 못하였으니, 사람들이 모두 원통하게 여겼다.

恪以違都元帥節制, 卽軍中斬之. 行刑使已發蟹嶺, 捷書至, 多有斬殺之功. 卽命馳驛止之, 後使緩行不及, 人皆冤之.

---

1 申恪(신각, ?~1592): 본관은 平山. 아버지는 申景顔이다. 작은아버지 申景閔에게 입양되었다. 1586년 강화부사를 거쳐 이듬해 경상도방어사가 되었으나, 영흥부사 재직 시에 新昌縣監 趙希孟이 그의 첩에서 난 아들을 納粟시켜서라도 벼슬길에 나갈 수 있게 해달라는 요청을 받고 관의 곡식을 꺼내 그 납속을 충당해주었다가 파직되었다. 1592년 임진왜란이 일어나자 다시 기용되었으며 서울 수비를 위하여 守城大將 李陽元 휘하의 中衛大將에 임명되었고, 다시 도원수 金命元 휘하의 부원수로서 한강을 지켰다. 이때 김명원은 임진에 가 있었으므로 留都大將 이양원을 따라 양주에 가서 흩어진 군졸들을 수습하고 함경도병마사 李渾의 원군과 합세하여, 양주 蟹踰嶺에서 일본군을 크게 무찔렀다. 그 결과 적의 머리 70級을 베었는데 이것은 왜란 초기 처음 있는 승첩이었다. 그런데 이 무렵 이양원이 산골에 숨어 있어 소식이 끊겼는데, 신각이 명령을 따르지 않고 이양원을 따라 도망쳤다는 내용의 狀啓가 올라가 당시 우의정 兪泓에 의해 참형을 당하였다. 이날 오후 양주에서 다시 첩보가 도착하여 왕이 신각을 죽이지 말라고 선전관을 뒤따라 보냈으나, 이미 처형된 뒤였다.

선전관 달려간 뒤 어명이 늦어짐 한하지 말라
승전에 이미 보답해서 구중궁궐이 알아주었네.
그런대로 발탁되었고 성상의 사면도 입었으니
눈을 감았어도 응당 지하에서 슬퍼하지 말라.

莫恨馳宣後命遲　　捷音²已報九重³知
粗酬甄拔⁴蒙恩宥⁵　　瞑目應無地下悲

2　捷音(첩음): 전쟁 등에서 승리한 소식을 보고함. 전쟁에 이겼다는 소식.
3　九重(구중): 九重宮闕. 아홉 겹의 담으로 둘러싸인 궁궐.
4　甄拔(견발): 재능이 있는가 없는가를 잘 구별하여 뽑는 것.
5　恩宥(은유): 은혜를 베풀어 관대하게 다룸. 주로 죄지은 이를 벌함에 있어 형량
　　보다 적게 벌하거나 사면하는 것을 지칭한다.

10. 피란(避亂)

이조참의 박점 차
吏曹參議朴漸[1]【景進】次

효성과 우애로 칭송을 받았는데, 삭녕 지역으로 피란하였다가 적을 만나 굴복하지 않았으니 칼에 찔려서도 오히려 적을 꾸짖는 소리가 끊이지 않았다. 역노가 다급하게 소리치기를, "적이 다시 왔습니다."라고 하니, 마침내 물에 뛰어들어 죽었다.

以孝友稱, 避亂朔寧地, 遇賊不屈, 被刃猶未絶罵聲。有逆奴急呼: "賊又至." 遂赴水死。

하늘로부터 품부한 효성 우애를 겸전하였고
일찍이 가풍으로 이전 시대의 현인에 비겼네.
가련타 끝내 흉적의 칼날을 받아 죽었다니
부음 듣고 홀로 눈물 흘리는 것을 어이 견디랴.

孝友能全賦自天　　早將家行[2]擬前賢

1　朴漸(박점, 1532~?): 본관은 高靈, 자는 景進, 호는 復庵. 1569년 별시문과에 급제하여 이듬해 사간원정언에 제수되었다. 이어 홍문관부수찬·이조좌랑을 거쳐, 1573년 明川縣監이 되었다. 그 뒤로 홍문관직제학, 사간·좌부승지·참지 등을 거쳐 1584년 황해감사가 되었다. 그 뒤 도승지·이조참의 등을 지내다가 임진왜란이 발발하기 전인 1591년에 당쟁에 휘말려 서인이 몰락할 때 관직을 삭탈당하여 벼슬길에 더 이상 나가지 않았다.

可憐竟被凶鋒殞　　聞訃那堪獨泫然

동지중추부사 이유인 보
同知中樞府事李裕仁³【饒之】補

양주의 선산으로 피란하였다가 적에게 사로잡혔는데, 노복들이
모두 옷을 벗어 주고 목숨을 구걸하도록 권했으나 이를 따르지 않아
해를 입었다.
避亂楊州墓山, 爲賊所執, 奴僕皆勸解衣乞命, 不從遇害。

고상한 뜻 조정에서도 강직해 굽히지 않았는데
무슨 얼굴로 다시 적이 어미 해치는 모습 보랴.
효성을 바꾼 충성 선조의 영령에게 부끄러우나
도리어 쇠퇴한 물결 향해서는 우뚝하게 맞서네.
抗志⁴朝端⁵不撓剛　　何顔更覵賊母戕
移忠⁶旣遺先靈恥　　却向頹波⁷屹作防

2　家行(가행): 家風. 한집안에서 대대로 내려오는 행실과 품행.
3　李裕仁(이유인, 1533~?): 본관은 全州, 자는 饒元, 호는 杏窩. 아버지는 李磁
　　이다. 1555년 식년시에 진사가 되고, 1561년 식년시 문과에 급제, 1563년 예문
　　관 겸열이 되었다. 1590년에 함경도관찰사를 지냈다.
4　抗志(항지): 고상한 뜻.
5　朝端(조단): 朝廷. 또는 朝臣의 제일 높은 자리.
6　移忠(이충): 효심을 충성심으로 바꿈. 《孝經》〈廣揚名章〉의 "군자는 어버이를
　　모시는 효심이 깊기 때문에, 그 효심을 임금에게 바꿔 적용하여 충성심을 발휘할
　　수 있는 것이다.(君子之事親孝, 故忠可移於君.)"에서 나오는 말이다.

예조좌랑 구면 보
禮曹佐郎具葂[8]【公進】補

불우해 외론 소나무처럼 섰으니 누가 알아주랴
뜨내기 인생에 의욕도 잃으니 모두 근심스럽네.
흉악한 화까지 만나 세 가지 흉극에 해당하니
타고난 운명이 아주 기박하여 너 같은 자 없네.
【협주: 홍범에서 흉하거나 단명, 우환, 가난은 6극 가운데 세 가지에
해당한다.】
落拓[9]誰憐樹立孤　　浮生失意總堪吁
況罹凶禍當三極　　賦命窮奇似汝無
【洪範, 凶短折·憂·貧, 居六極[10]之三.】

수암 박지화
守庵朴枝華[11]【君實】

일찍이 이문학관에 제수되었으나 곧 그만두었다. 학력이 있고 예

7　頹波(퇴파): 쏟아지는 물결. 쇠퇴해 가는 세상.
8　具葂(구면, 1558~1592): 본관은 綾城, 자는 公進, 호는 草堂. 아버지는 具思仲
　이고, 具思孟의 조카이다. 1583년 별시 문과에 급제, 예문관 검열이 되었다.
　예조좌랑을 지냈다.
9　落拓(낙척): 불우해서 실의에 빠짐.
10　六極(육극): 심성이 나쁘면 흉하거나 단절(단명), 질병, 우환이나 근심, 가난,
　악함, 약함을 초래한다.(凶短折·疾·憂·貧·惡·弱)
11　朴枝華(박지화, 1513~1592): 본관은 旌善, 자는 君實, 호는 守庵. 1592년 임진
　왜란이 일어나자 친구 鄭宏과 같이 白雲山 史呑村으로 피난가서 살았다. 이곳

법대로 몸을 다스렸으며, 모든 서적을 넓게 궁구하여 보는 것이 정밀
하고 확실하였다. 춘천 지역으로 피란하고는 적이 바싹 가까이 왔음
을 듣자, 두보의 '낙양성 구름 낀 산 밖이라, 집에서는 소식조차 오지
않네. 정신적으로 사귀어 시를 짓던 나그네가, 힘이 다해 고향을
바라보네. 쇠약하고 병들어 강변에 누웠는데, 친구는 해가 저물어도
아득하네. 갈매기는 원래 물에서 자는 법이니, 무슨 일로 남은 애달픔
이 있겠는가.'라고 율시 한 수를 암석에 쓰고 마침내 물에 몸을 던져
서 죽었다.

嘗爲吏文學官, 旋棄之。有學力, 以禮律身, 博極羣書, 所見精
確。避亂春川地, 聞賊迫近, 書老杜[12]'京洛雲山外, 音書靜不來.
神交作賊客, 力盡望鄕臺. 衰疾江邊臥, 親朋日暮廻. 白鷗九水宿,
何事有餘哀.' 一律于巖石, 遂投水而死。

평생 익힌 학식은 가장 정밀하고 밝았으니
난후에는 응당 명성이 더러워지지 않으리라.
심정이 두보의 시와 이미 잘 들어맞았으니
외로운 넋 또한 마침내 갈매기처럼 울리라.
平生學識最精明　　亂後應無汚令名[13]

에 왜적이 들어오려고 하니, 정굉은 가족을 이끌고 떠났다. 그러나 박지화는 그
대로 있다가 왜적이 가까이 온 것을 알고는 杜甫의 시 오언율 한 수를 써서 시냇
가 나무에 매달아 놓고 자신은 돌을 품고 나무 아래 시냇물에 빠져 죽었다.
12　老杜(노두): 杜甫를 말함.
13　令名(영명): 높은 명성. 좋은 평판.

心與杜陵¹⁴詩已契　　孤魂還逐白鷗¹⁵鳴

14　杜陵(두릉): 당나라 시인 杜甫가 살았던 고을. 두보는 杜陵野老라고 自號하기
　　도 하였다.
15　白鷗(백구): 白鷗盟. 갈매기에게 한 맹세라는 뜻으로, 전원으로 돌아가 살리라
　　던 맹세. 세상을 등지고 사는 선비나 隱者들은 한갓 바닷새에 불과한 갈매기를,
　　사람의 마음을 잘 알아주는 미물로 여겼기에 갈매기를 벗으로 삼았다.

11. 피집(被執)

조방장 문몽헌과 길주목사 이신충 차
助防將文夢軒[1]·吉州牧使李愼忠[2]次

청정의 적진에게 함락되었는데, 밤을 틈타 달아나다가 사로잡혀
몸둥이가 찢어발겨져 죽었다.
陷淸正賊陣, 乘夜遁逸, 被執屠裂而死。

한 부대가 철령으로부터 넘어온 왜적의 기병에
연이어 성을 지키지 못하고 다퉈 몸만 사리네.
구차히 살고자 웅크려 숨으나 끝내 면키 어려워
갈가리 찢겼으니 아아 슬프다 두 장신이여!
一自鐵關[3]踰賊騎　　連城不守競謀身
偸生竄伏終難免　　磔裂嗟嗟二將臣

---

1 文夢軒(문몽헌, 1535~1593): 본관은 南平, 자는 汝吉. 1578년 강계판관을 지냈
　고, 1589년 姜遙에 의하여 武將으로서 천거되었다. 1592년 강원도방어사를 거
　쳐 회령부사로 재임 중 회령아전 鞠景仁에 의하여 임해군·순화군의 두 왕자와
　함께 잡혀 일본군에게 포로로 넘겨졌다.
2 李愼忠(이신충, 1553~?): 본관은 全義, 자는 景沈. 1579년 식년시 무과에 급제
　하였다. 판관을 거쳐 길주목사를 지냈다.
3 鐵關(철관): 鐵嶺을 말함. 함경남도 안변군과 강원도 회양군 경계에 있는 고개
　이다.

12. 종실(宗室)

원천군 이휘 차
原川君徽[1]【士美】次

일찍이 행재소에 이르러 상소하였는데, 말이 매우 절실하고 곧았다.
曾詣行在所上疏, 言甚切直。

술잔 들고 소싯적 즐거운 기억 추억하나
난리통에 친척과 지인 잃은 것 어찌 찾으랴.
국난 평정 위한 혈심의 상소 허전히 남아
글자마다 어느새 눈물 방울지니 슬프구나.
樽酒追歡憶少時　　亂離那復失親知
空餘血疏堪平難　　字字飜成淚點悲

1　徽(휘): 李徽(1533~1594). 본관은 全州, 자는 士美. 처음 原川副尉에 봉해지고
　　이어서 原川君에 봉해졌다. 黃愼의 장인이다. 1592년 임진왜란이 일어나자 특
　　명으로 오위도총부도총관에 임명되어 서울의 수비를 맡았다. 서울이 적에게 함
　　락되자 의주의 행재소로 달려가서 왕을 호종하였다.

태안군 이팽수
泰安君彭壽[2]【德老】

혼탁한 세상 풍모와 문채가 아름다운 왕손이여
서로 맞이하며 웃고 온화하게 말하던 것 몇 번이었나.
학 타고 떠났다는 소식을 변방 밖 멀리서 듣고
속절없이 눈물 흘려서 옷깃에 흔적이 가득하네.

翩翩[3]濁世美王孫　　幾度相迎笑語溫
塞外遙聞乘鶴去　　空敎流淚滿襟痕

청성군 이걸
淸城君傑[4]【士豪】

풍류가 어찌 신릉군보다 못하였으랴
화석과 도서에도 흥이 비할 데 없어라.
풍류 소리 흩어 버리고 어디로 갔는가
풀이 문밖에 우거졌거늘 날이 막 저무네.

風流豈減信陵君[5]　　花石圖書興不羣

2　彭壽(팽수): 李彭壽(1520~1592). 본관은 全州. 茂山君 李悰의 다섯째 아들.
　　1592년 임진왜란 때 선조를 호종한 공으로 호종공신에 책록되었고, 正義大夫泰
　　安君에 봉해졌다.

3　翩翩(편편): 풍채가 풍류스럽고 좋은 모양. 《史記》〈平原君虞卿列傳論〉의 "평
　　원군은 혼탁한 세상에 풍모와 문채가 아름다운 공자이다.(平原君翩翩濁世之佳
　　公子也)"에서 나오는 말이다.

4　傑(걸): 李傑(1525~1593). 본관은 全州. 龍川君 李壽鵬의 아들이다.

歌營飄零何處去　　草深門巷⁶日初曛

5　信陵君(신릉군): 중국 전국시대 魏나라 정치가. 이름은 無忌. 이른바 '戰國四君' 가운데 한 명이다. 安釐王 재위기에 上將軍을 역임하며 주변 나라들과 연합하여 秦을 공격하여 세력 확장을 막았다. 인재를 기르는 것을 좋아하여 문하에 食客 3천 명이 있었다고 한다.

6　門巷(문항): 문앞 거리.

13. 고구(故舊)

시강원보덕 정유청 차
侍講院輔德鄭惟淸[1]【直哉】次

살아서 난리를 만났을 때
큰 집이 이미 들보 꺾였네.
떠도니 아 어디에 의지하랴
그리운 마음 잊히지 않네.
生逢喪亂日　大廈已摧梁
漂轉嗟何寄　懷思耿未忘

행조에서 겨우 얼굴 보았거늘
영구가 갑자기 고향으로 돌아오네.
덧없는 세상에 누가 오래 머무르랴
같이 짓던 밥솥에 기장 익고 있네.
行朝纔會面　旅櫬[2]遽還鄕
浮世誰能久　同炊鼎裏黃[3]

1　鄭惟淸(정유청, 1534~1598): 본관은 東萊, 자는 直哉. 鄭益謙의 넷째 아들이
　　다. 1568년 증광시에 급제하여 생원이 되었고, 1572년 별시 문과에 급제하였다.
　　1583년 사헌부 장령을 거쳐 輔德이 되었다. 1591년 삼척부사를 지냈다.
2　旅櫬(여츤): 객지에서 죽은 자의 靈柩.

중표제 사재감 정 김찬선
重表弟司宰監正金纘先[4]【公緒】

평생 동안 취향이 대략 서로 같았고
생각하니 함께 한양 북쪽의 동자였네.
나라도 집안도 망하고 그대 또 떠나니
정원의 문 기울었고 가시나무 무성해라.
【협주: 평소 서로 이웃하여 살았는데, 정원의 담에 있는 작은 문을
열고서 편하게 드나들었다.】
平生趣尙略相同　　憶得俱爲漢北童
國破家亡君又逝　　園門傾側棘成蕞
【平日居住相接, 開少門于園墻, 以便過從。】

사포 김시
司圃金禔[5]【季綏】

성품이 온화하고 후덕하여 장자의 풍모가 있었으며, 그림의 격조

---

3 鼎裏黃(정리황): 당나라 沈旣濟의 〈枕中記〉에 실린 邯鄲夢 고사를 염두에 둔
　 표현. 盧生이란 사람이 한단의 객점에서 도사 呂翁을 만나 그가 주는 베개를
　 베고 잠들었는데, 꿈속에서 수십 년 동안 부귀영화를 다 누리고 깨어 보니, 자신
　 이 잠들기 전에 객점 주인이 삶고 있던 누른 기장이 채 익지 않았다는 내용이다.
4 金纘先(김찬선, 1535~1594): 본관은 延安, 자는 公緒. 金安老의 손자. 1564년
　 식년시에 급제, 1569년 별시 문과에 급제, 監正을 지냈다. 1593년 7월 김민선의
　 후임으로 인천 부사가 되어 문학산성을 온전히 지켜냈고, 1594년 7월에 죽었다.
5 金禔(김시, 1524~1593): 본관은 延安, 자는 季綏, 호는 養松堂·養松軒·養松
　 居士·醉眠. 아버지는 金安老이다. 1537년 혼인하던 해에 폭정을 한 아버지 김

는 동방의 제일이었다.

性和厚有長者風, 畵格爲東方第一。

술에 취해 그린 오묘한 필묵은 천권 빼앗더니

난리 후에 놀랍게도 이미 신선이 되었다 하네.

병풍 모조리 변수와 백이처럼 거두어 갔으니

세상에 뛰어난 필묵 전하지 않을까 두렵네.

醉眠墨妙奪天權[6]　　亂後驚聞已作仙

屛障盡隨夷捲去　　人間絶筆恐無傳

안로가 丁酉三凶으로 몰려 사사되자 과거와 벼슬길이 막혀 독서와 서화로 일생
을 보냈다. 잠시 司圃署 別提와 사포를 지냈다. 1590년에 光國原從功臣에 녹훈
된 점으로 미루어 당시 명성이 높던 선비 화가로서 궁중의 그림 그리는 일에도
참여한 듯하다.

6　天權(천권): 하늘로부터 부여받은 본질적 권리.

14. 효자(孝子)

유사 김상건
儒士金象乾[1]

김천일의 아들이다. 아름다운 자질을 갖고 태어나 어버이를 섬기는 일에 그 정성을 다하였다. 임진년에 의병을 일으켜 아버지를 따라 종군하였다. 일찍이 아버지의 명을 받들어 샛길로 가서 동궁에게 아뢰었다. 진주성이 함락되자, 부자가 서로 의지하여 조금도 동요하지 않은 채 손으로 활쏘기를 멈추지 않았다. 이에 적이 칼을 휘두르며 먼저 그의 아버지에게 닥치자, 상건이 칼을 빼앗아서 왜적을 베려다가 배후에 있던 적에게 죽임을 당했고 마침내 부자가 함께 죽었다.

千鎰子也。生有美質, 事親盡其誠。壬辰兵起, 隨父從軍。嘗以親命, 間道達東宮。晉州城陷, 父子相依, 略不動容, 手不停射。賊揮劍先及其父, 象乾奮刃砍賊, 爲後賊所殺, 遂父子同死。

몸소 엄한 아버지의 창의군을 뒤따랐다가
길을 전전하며 부명을 동궁에게 아뢰었네.
복선화음은 하갓 빈말임을 비로소 알게 되니
충효로 온전한 머리 이미 잘리어 나뉘었네.

---

1   金象乾(김상건, 1557~1593): 본관은 彦陽.

　　身逐嚴親倡義軍　　間關將命達儲君
　　始知福善²徒虛語　　忠孝方全首已分

생원 류몽웅
生員柳夢熊³【子祥】

　타고난 성품이 효성과 우애가 있었고, 양주의 홍복산으로 피란하
였다. 어머니는 나이가 70여 세로 걸으면서 남의 뒤를 따랐다. 류몽
웅이 어머니를 업고서 산을 오르는데, 적이 갑자기 들이닥쳐 칼로
어머니의 머리를 겨누었다. 류몽웅이 몸으로 막고 그 칼을 감당하니
어머니는 온전했으나 본인은 죽었다.

　天性孝友, 避亂于楊州洪福山⁴。母年七十餘, 行步隨人。夢熊負
以登山, 賊猝至, 擬劍母頭。夢熊以身障之, 自當其刃, 母全而絶。

　험준한 고개의 깊은 숲에도 노략질 빈번하니
　적이 오는데도 모친을 숨길 만한 곳 없었네.
　자신의 몸으로 칼을 받아 어머니 보전했으니
　지극한 효성이 평소 순수한 행실의 원인이네.

2　福善(복선): 선한 사람에게 복을 내림. 福善禍淫.
3　柳夢熊(류몽웅, 1557~?): 본관은 高興, 자는 應祥. 아버지는 柳樫이다. 1585년
　식년시에 급제하여 생원이 되었다. 1592년 임진왜란 때 형 柳夢彪와 함께 어머
　니를 모시고 피란 도중 왜적이 어머니를 향해 칼을 내려치자 몸으로 막아 보호하
　고 죽었다.
4　洪福山(홍복산): 경기도 의정부시와 양주시 어둔동 부근의 경계에 있는 산.

峻嶺深林殺掠頻　　賊來無地可藏親
將身受劒全天只[5]　　至孝原因素行純

유사 오경천
儒士吳敬天

7세에 아비를 잃었으나 오히려 예의 법제를 지키며 삼년상을 마치니, 사람들이 효성스런 아이라고 일컬었다. 17세에 양주 지역으로 피란하였는데, 적이 그의 어미를 해치려고 하자 오경천이 수풀로 어미를 덮었다. 적이 그의 허리를 베고서 어미는 버려두고 갔다.

七歲喪父, 猶守禮制, 終三年, 人稱孝兒。十七, 避亂楊州地, 賊欲害其母, 敬天覆蔽母上。賊斬其腰, 捨母而去。

초년 때부터 상제를 지켜 상을 치렀으니
흉적의 칼날이 어머니를 죽이려 함에랴
겨우 열다섯 지난 소년이 적 겁내지 않으니
다만 마음이 모친 보호하는데만 있었다네.
終喪守制自齠年[6]　　況値兇鋒落母邊
纔過成童不畏賊　　只緣心在保慈天

5　天只(천지): 어머니를 달리 이르는 말.
6　齠年(초년): 이를 갈 나이의 어린이. 이갈이를 하는 7,8세 정도의 나이이다.

유사 성박·성이 형제
儒士成愽·成怡⁷兄弟

두 자매는 임씨의 자식으로 모두 학문을 쌓았고, 성이는 생원시에
합격하였다. 그 아버지 성자한이 적에게 칼을 맞게 되자, 형제가
몸으로 가리다가 죽음에 이르렀어도 변치 않았다.

兩姉妹, 任氏之子, 俱績學, 怡中生員試。其父子漢, 爲賊所刃,
兄弟以身莜之, 至死不變。

아버지 나를 나으심에 하늘과 같으니
막고 지킴에 어찌 이 몸 돌아봄을 알리오.
마침내 칼날 아래 나란히 죽으나
인간세상 하늘 아래 하소연할 길이 없네.
父兮生我昊天同　　捍衛寧知顧此躬
畢竟幷屠鋒刃下　　人間無路訴蒼穹

아전 집 아이 이예남
吏家兒李禮男

적이 그의 어머니를 죽이려 하자, 이예남이 붙잡고 슬피 울부짖으
며 자신이 대신 죽겠다고 애걸하여, 끝내 어머니는 죽음을 면했으나
그는 살해를 당했으니 나이가 겨우 열네 살이었다.

7　成怡(성이, 1561~?): 본관은 昌寧, 자는 和叔. 1591년 생원시에 합격하였다.

　賊欲殺其母, 禮男扶執哀號, 乞以身代死, 卒免母而見殺, 年纔
十四。

　열네 살의 어린 아이가 효성이 타고 나

　어미 잡고 슬피 울부짖으며 눈물 줄줄 흘리네.

　만일 자신의 몸으로 어미 목숨을 대신한다면

　만번 죽더라도 기꺼이 목숨 아끼지 않으리라.

　十四童兒孝出誠　　哀號扶母淚交橫

　倘將軀命能相贖　　萬死甘心不愛生

15. 열녀(烈女)

충의위 이경유 아내 원씨
忠義衛李慶濡妻元氏[1]

　지아비의 상을 당하자 일찍이 한번도 이를 드러내어 웃은 적이
없었고 사람을 대할 때면 곡하는 소리가 끊이지 않았으며, 제사를
잘 받들었고 시부모에게 효도하였다. 임진년에 횡성 지경으로 피란
하여 열세 살 딸과 아들 이조(李稠)의 아내 이씨를 거느리고 숲속으로
들어갔는데, 서로 붙잡고 애통하게 울면서 말하기를, "차라리 목을
매어 죽을지언정 적에게 더럽혀지게 되어선 안 될 것이다."라고 하였
다. 마침내 함께 나무에 목을 매고서 머리를 맞대고 죽었다.

　執夫喪, 未嘗見齒, 對人輒哭不絶聲, 勤祭祀, 孝舅姑。壬辰, 避
亂橫城[2]地, 率十三歲女子及其子稠妻李氏, 入林中, 相與痛泣曰:
"寧結項而死, 不爲賊所汚." 遂共繮一樹, 騈首而殞。

　일찍이 정숙함으로 당시에 표창되었고
　적이 이르자 도리어 응당 죽는데 의심이 없었네.

1　元氏(원씨): 元巨撤의 딸.《東國新續三綱行實圖》5〈열녀도〉제6권 주해가 참
　고 된다.
2　橫城(횡성): 강원도 남서부에 있는 고을. 동쪽은 평창군, 서쪽은 양평군, 남쪽은
　원주시·영월군, 북쪽은 홍천군과 접한다.

한 나무에서 세 열녀가 함께 목매어 죽었으니
붓을 적셔 어찌 차마 슬픈 만사 쓸 수 있으랴.

曾將貞淑表當時　　賊至還應死不疑
一樹同經三烈逝　　濡毫³那忍寫哀詞

유생 조지범 아내 권씨
儒生趙之範妻權氏

자색이 남보다 뛰어났는데, 안협으로 피란하였다가 적이 바싹 다
가오자 소매를 들어 얼굴을 가리고 땅에 엎드렸다. 적이 잡아당겨
일으키려고 하였지만 되지 않자 끝내 그녀를 죽이고 갔다.

姿色過人, 避亂安峽⁴, 爲賊所逼, 以袖掩面伏地。賊挽起不得,
遂殺之而去。

깊숙한 규방 외간 사람이 보도록 허락하지 않으니
흉적에게 기꺼이 내 얼굴을 보이게 하겠나.
힘은 약해도 마음만은 단단해 꿈쩍도 않으니
이 마음은 응당 산보다도 더 무겁네.

深閨未許外人覰　　肯向兇徒覰我顔
力弱猶能堅不動　　此心應是重於山

3　濡毫(유호): 붓끝을 적심.
4　安峽(안협): 강원도 이천군 안협면 일대.

유생 이욱 아내 김씨 차
儒生李勗妻金氏次

상국 김전(金詮)의 증손녀인데 적을 마주쳐 장차 다가오자 칼로
목을 찔러 죽었다.
相國詮[5]之曾孫, 遇賊將逼, 以刀自刎而死。

상국의 증손녀는 성품과 행동이 순수했으니
살기만 탐하여 어찌 기꺼이 자신을 더럽히랴.
뒷날 아름다움의 표창을 헤아린 것이 아니라
단지 곧은 마음이 무리 중에 뛰어났을 뿐이네.
相國之孫性行純　　貪生那肯玷吾身
非緣異日褒旌美　　自是貞心出等倫

5　詮(전): 金詮(1458~1523). 본관은 延安, 자는 仲倫, 호는 懶軒. 1472년 진사가
　　되었고, 1489년 식년 문과에 장원으로 급제, 禮安縣監·弘文館修撰을 역임하였
　　다. 1498년 무오사화가 일어나자 파직당했다가, 중종반정 뒤 禮曹參判兼同知
　　經筵事로 승진되었으며, 이어 이조참판·호조참판·대사헌 등을 역임하였다.
　　1519년 판중추부사가 되었으며, 南袞·沈貞 등과 함께 기묘사화를 일으켜 조광
　　조 등 사림파를 축출하고 정권을 장악하였다. 그 공로로 원종공신이 되었으며,
　　우의정을 거쳐 1520년 영의정 겸 世子師가 되었다.

유생 이종택 아내 박씨 및 그 서얼 여동생 처자 휘양
儒生李宗澤[6]妻朴氏[7]及其庶妹處子輝陽

현감 박충후의 딸로 충신 박팽년의 후손이다. 집은 대구의 낙동강 가에 있었는데, 강변에 굴을 파고 온 가족이 피란하였지만 이웃집 아이가 가리켜 주었다. 적이 그들을 붙잡아 내었으나 달아날까 염려 하여 두 사람의 머리카락을 서로 묶어서 강 언덕에 두고는, 굴 속으로 들어가 재물을 뒤지고 있었다. 적이 없는 틈을 타서 마침내 함께 강물 속으로 뛰어들어 죽었다. 언니는 20세, 여동생은 17세였는데, 변란이 일어난 소식을 처음으로 듣고 서로 약속하여 말하기를, "만약 적을 만나면 마땅히 함께 죽을 것이지 몸을 더럽히지 않아야 한다."라 고 했다. 마침내 그 말대로 행하였던 것이다.

縣監忠後[8]之女, 忠臣彭年之後。家在大丘洛東江上, 穿水濱爲

---

6 李宗澤(이종택, 생몰년 미상): 본관은 全義. 霞鶩亭을 건립한 洛浦 李宗文 (1566~?)의 사촌동생이다.

7 朴氏(박씨, 1574~1592): 본관은 順天, 아버지는 摠管 朴忠後이다. 1592년 임 진왜란이 일어났을 때 박씨는 친정에 있었는데, 5월에 왜적들이 갑자기 들이닥 쳤다. 박충후의 가족들은 낙동강 강변에 굴을 파고 피신하였는데, 왜적들이 은 신처를 찾아내어 나올 것을 재촉하였다. 왜적들은 이종택의 처 박씨와 동생 朴輝 陽이 달아날 것을 염려하여 두 사람을 머리카락으로 묶어 강 언덕에 두고 굴속으 로 들어가 물건을 뒤졌다. 왜적들이 없는 틈을 타서 이종택의 처 박씨와 박휘양 은 함께 강물에 뛰어들어 죽었다.

8 忠後(충후): 朴忠後(1552~1611). 본관은 順天, 자는 景述. 사육신 박팽년의 고 손자, 아버지는 朴繼昌이다. 1578년 처음 벼슬을 시작하여 蔭補로써 繕工監 監役이 되었고, 함창 현감에 임명되었다. 1592년 임진왜란이 일어나자 대구 도 호부의 명사들과 함께 의병을 일으켰다. 이때 동생 박충윤·박충서도 창의하였 다. 또한 도원수 權慄, 초유사 金誠一과 협력해 적의 길을 차단하는 공을 세워, 훗날 宣武原從功臣에 봉해졌다. 그러나 전란 도중 두 딸이 적병을 피해 낙동강

窟, 與一家避亂, 爲隣兒所指。賊捉出, 慮其逸去, 捽兩髮相結, 置
諸岸邊, 入窟中, 探取財物。乘其無, 遂共躍入江中而死。姊年二
十, 妹年十七, 始聞變, 相約曰:"若遇賊, 當同死, 不爲所汚." 卒如
其言。

난리에도 아름다운 모습 숨길 수 없었는데
마침 끌려 나와 경황없이 머리카락 묶였네.
깊은 강물에 뛰어들어 함께 욕됨 면했으니
꽃다운 사연이 천년토록 강기슭에 가득하네.
亂離無計掩明姿　　驅出蒼黃結髮時
躍入深淵同免辱　　英風千載滿江湄

평양부 교비 최진
平壤府校婢崔進

나이가 열다섯 살로 수양 부모와 두로도에 피란하였는데, 적이
갑자기 쳐들어와 배를 타고 강을 따라 내려갔으나 조수가 빠져서
멈추니 함께 배에 탔던 사람들이 모두 포로가 되었지만, 교비만 홀로
강물에 뛰어들어서 죽었다.

年十五, 與收養父母, 避亂豆老島[9], 賊突入, 乘船下江, 潮落而

에 투신하는 화를 당하였다. 1594년 무과에 급제하였다. 전란이 끝난 후, 태안
군수를 거쳐, 1605년 함안 군수로 부임하였다.

閣, 同舟之人, 竝被俘擄, 女獨投江而死。

　한배 탔던 사람이 적 따라 이미 모두 내렸거늘
　옥을 가진 어떤 사람이 홀로 농선에 달려가네.
　몸 솟구쳐 고래 타고 자부로 돌아가는 듯하나
　원한 남은 혼령이 강가에서 부질없이 우네.
　【협주: 왜란 이후에 열녀가 가장 많았고 효자 또한 적지 않아서
　이루 다 열거할 수 없어 각각 다섯 사람만 뽑아서 삼강을 경계하였
　을 뿐이다.】
　同舟隨賊已全降　　抱璧[10]何人獨赴瀧[11]
　身跨飛鯨歸紫府[12]　怨留靈瑟[13]咽空江
　【變後, 烈女最多, 孝子亦不少, 不能盡擧, 各拈出五人, 以備三
　綱云爾.】

9　豆老島(두로도): 평안남도 대동군 고평면 상단리 중단리 하단리의 대공강에 속
　　하는 섬. 애무섬 또는 앵무섬이라고도 하였다.
10　抱璧(포벽): 抱璧有罪. 옥을 가지고 있는 것이 죄가 됨. 분수에 맞지 않는 귀한
　　물건을 지니고 있으면 훗날 재앙을 부를 수 있다는 말이다.
11　瀧(농): 瀧船. 급류를 헤쳐 나가는 배.
12　紫府(자부): 신선이 사는 곳.
13　靈瑟(영슬):《楚辭》〈遠遊〉의 "상령으로 하여금 비파를 타게 한다.(使湘靈鼓瑟
　　兮.)"에서 나오는 말. 상령의 비파라는 뜻이다. 상령은 바로 순 임금이 죽자 소상
　　강에서 죽은 두 왕비의 영혼이라고 한다. 여기서는 영혼 또는 혼령의 의미이다.

16. 친척 팔가(親戚八歌)

동생 청안현감 구사민
舍弟淸安縣監思閔[1]【景聞】

왜구가 죽령을 넘자 군사를 소집하여 적을 막으려고 했지만, 아무런 까닭도 없이 교체되어 공주에 사는 누나의 사위 윤정란 집으로 가서 의지하였다. 일찍이 의주에 서신을 보내어 말하기를, "추위와 굶주림에 장차 죽을지니 훗날 저를 구릉과 습지에서 찾을 것입니다."라고 하니 말이 매우 슬프고 참담하였다. 다음해 3월에 병들어 죽으니, 그곳에 임시로 매장하였다. 그의 처자식들은 남에게 얻어 먹고 사는 처지라서 재력이 없어 서로 모일 수가 없었으니 통탄할 일이었다.

倭寇度嶺, 聚軍禦賊, 無故見遞, 往依公州姊之女壻尹廷鸞家。嘗寄書義州, 言: "飢寒將死, 異日尋我於原隰[2]中." 語極悲愴。翌年三月, 病逝, 仍權葬其地。其妻子, 寄食於人, 力薄不能相聚, 可慟。

아우여 아우여 현감을 맡아 지내더니
난리 초 거의해 창 잡는 장수 되었네.

---

1 思閔(사민): 具思閔(1542~1593). 본관은 綾城, 자는 景聞, 호는 恥庵. 具淳의 아들이다. 1578년 현감을 지냈다.
2 原隰(원습): 높고 마른 땅과 낮고 젖은 땅.

얼마 뒤 체직 소식 듣고 어디로 바삐 가서
피눈물의 편지 하늘 한쪽 끝에 멀리 보냈네.
有弟有弟紐銅章[3]   亂初擧義提干將
俄聞禠職去何忙   血書遠寄天一方[4]

봉함을 뜯자 저도 모르게 눈물이 흘렀으니
온 가족이 타향에 의지한다고 씌여 있었네.
추워도 기댈 곳 없고 굶주려도 양식이 없으니
묻힌 우리의 시체 훗날에 보리라고 했었네.
開緘不覺雙涕滂   書云盡室依他鄕
寒無所衣飢無糧   他年覓我死所藏

바람결에 몇 줄 알고 위로하며 당부했건만
고질병 속이다가 훌쩍 죽을 줄 생각했겠는가.
나도 지금 늙고 병드니 어찌 오래 편하랴
지하에서 서로 만나리니 또 속상해 말라.
因風慰勉知幾行   豈意奄忽欺膏肓[5]
我今衰病[6]寧久康   地下相從且勿傷

---

3 紐銅(동장): 구리 도장. 벼슬자리. 漢나라에서 6백 석 이상의 녹봉을 받는 벼슬
   아치가 가졌다고 한다.
4 天一方(천일방): 하늘 한쪽 끝.
5 膏肓(고황): 심장과 횡경막의 사이. 병이 그 속에 생기면 낫기 어렵다는 부분이
   다. 고질병을 일컫는 말이다.
6 衰病(쇠병): 늙고 쇠약하여 든 병.

네 다섯 식구가 여력이 없었음을 생각하면
생사 갈림길에서 많이 저버린 마음 아득하네.
아, 첫째 곡 노래하니 그 노래 정히 기네
슬픈 바람이 휘휘 나의 곁에서 이는구나.
念汝十口力未遑　　死生多負心茫茫
嗚呼一歌[7]兮歌正長　悲風颯颯生我傍

둘째 형수인 중형 진사 아내 황씨
第二嫂仲兄進士妻黃氏

둘째 형의 이름은 사중, 자는 중노인데, 기유년(1549) 진사시에
합격하였고. 나이가 23세 때 병으로 죽었다. 황씨는 곧 첨지 황염의
딸로 상국 익성공 황희의 6세 손녀인데, 일찍이 과부가 되어 후사가
없어서 구성에게 의탁하며 공양을 받았다. 난리 초에 먼저 남동생
황정신을 따라 서산에 숨었다가 병들어 죽어서 그곳에 임시로 가매장
하였다.

7　一歌(일가): 杜甫가 일찍이 同谷縣에 寓居할 때에 지은 〈乾元中寓居同谷縣作
　　歌〉 7수의 형식을 본뜸. 두보는 편마다 일곱 째 구절에 嗚呼 글자를 넣어서 첫
　　편의 〈嗚呼一歌兮歌已衰〉부터 마지막 편의 〈嗚呼七歌兮悄終曲〉까지 모두 7
　　수로 되어 있다. 제1편의 내용은 객지의 빈곤한 생활을 탄식한 것이고, 제2편은
　　온 가족이 굶주리는 형편을 탄식한 것이며, 제3편은 멀리 있는 아우를 생각한
　　것이고, 제4편은 누이동생을 생각한 것이며, 제5편은 고향에 돌아가고픈 생각을
　　읊은 것이고, 제6편은 山湫에 사는 龍을 읊은 것이며, 제7편은 자기 만년의 불우
　　함을 탄식한 것이다.

仲兄諱思曾[8], 字仲魯, 中己酉進士, 年二十三, 病歿。黃氏卽僉
知恬[9]之女, 相國翼成公喜六世孫, 早寡無後, 依養於宬[10]。亂初,
先隨其弟廷愼, 匿於西山, 病卒, 權厝[11]其地。

형수여 형수여 현숙하고 자혜로웠으니
첨지중추부사 딸이요 익성공의 후예네.
다행히 용을 탈 짝을 찾아 배필 택하니
기예 겨루어 일찍 과거 급제 출세하였네.

---

8 思曾(사증): 具思曾(1528~1550). 본관은 綾城, 자는 仲魯. 1549년 식년시에
   급제하여 진사가 되었다.
9 恬(염): 黃恬(생몰년 미상). 본관은 長水, 자는 泰叔. 1521년 생원으로 별시 문
   과에 급제한 뒤 이듬해 정자를 역임하였다. 1523년 저작이 되고 이듬해 박사가
   되었다. 1529년 경상도암행어사로 파견되었으며, 이듬해부터 2년간 부응교를
   역임하였다. 그 뒤 1533년에는 재화를 입은 전라도지역에 어사로 파견되어 민심
   을 수습하고 자세한 정황을 보고하였다. 1544년 사은부사로 명나라에 다녀온
   뒤 첨지중추부사에 이르렀다.
10 宬(성): 具宬(1558~1618). 본관은 綾城, 자는 元裕, 호는 草塘. 구사맹의 장남
   이다. 1585년 사마시를 거쳐 별시 문과에 급제해, 權知承文院副正字가 되고
   곧 박사로 올랐다. 1589년 기축옥사에 연루된 崔永慶의 供招에 착오가 있어 파직
   되었다. 얼마 뒤에 병조좌랑으로 복직, 成均館直講·병조정랑을 지냈다. 1592년
   임진왜란 때 임금을 호위해 개성에 이르러 변란의 책임이 李山海에게 있다고
   주장하다가 대간의 탄핵을 받았고, 이 일로 인해 이산해는 평해에 유배되었다.
   1593년에 동부승지·좌부승지·첨지중추부사를 거쳐서 1594년 형조참의·병조
   참의를 역임하였다. 1596년 호조참판으로 奏聞使가 되어 燕京에 다녀온 뒤 장
   례원판결사·해주목사를 지냈다. 1601년 대사성으로 승진했으나 사양하였다.
   1602년 鄭仁弘 등이 기축옥사 문제를 다시 거론하면서 홍주로 유배되었다가,
   1604년 아버지상을 당해 석방되어 扈聖功臣 2등에 책록되었다. 그러나 이때
   대간의 심한 탄핵이 있었다. 1618년에 廢母論이 일어나자 병으로 庭請에 참여하
   지 않았는데, 이를 처벌하자는 대간의 논의가 있었으나 마침 병으로 죽었다.
11 權厝(권조): 정식으로 산자리를 쓸 때까지 임시로 시체를 매장해 두는 것.

有嫂有嫂淑且惠　　僉樞之女丞相裔
擇對幸作乘龍¹²儷　　戰藝¹³早占遷鶯¹⁴勢

기박한 운명 본디 이치가 많이 어그러지니
기쁨과 즐거움은 끝내 괴롭고 슬프기 마련이라.
남편과 함께 천수 누림이 없어도
어찌 손님 응대하며 제사 주관할 수 있었는가.
薄命由來多跌蹩¹⁵　　歡樂未終沈痛繼
了無移天¹⁶同卒歲¹⁷　　豈有應門¹⁸仍主祭

조카와 정에 얽매여 몸을 의탁하였으나
황량한 산에 난리 피했으나 혼이 이미 가버렸네.
우리 집안 모두가 호종하러 달려가느라
난세에 서로 잃음에 하물며 거두어 묻는 것임에랴.
托身猶子情所繫　　避兵荒山魂已逝
吾家併馳方扈衛　　亂世相失況斂瘞

---

12 乘龍(승룡): 훌륭한 사위를 얻음.
13 戰藝(전예): 문예를 겨룸. 곧 과거 시험에 응시함을 이르는 말이다.
14 遷鶯(천앵): 꾀꼬리가 골짜기에서 나와 큰 나무로 옮긴다는 뜻으로, 낮은 지위에
　　서 높은 지위로 오름을 이르는 말.
15 跌蹩(척려): 발굽이 넘어질 지경. 이치에 어그러지고 온당하지 않음(乖舛).
16 移天(이천): 남편의 별칭.
17 卒歲(졸세): 한 해를 마침.
18 應門(응문): 방문자 응대함.

덕을 갚으려 해도 죽어서 다만 슬프기만 하니
선영에다 합장하는 것이 최선의 계획이리라.
아, 둘째 곡은 나의 근심이나 풀지 못하니
기러기 슬퍼하며 나를 위해 하늘가에서 우네.
報德以空但悲悌　　反祔于塋最先計
嗚呼二歌予憂莫泄　　哀鴻[19]爲我天邊唳

셋째 누나인 경기도사 정담 아내 구씨
第三姊京畿都事鄭礑[20]妻具氏[21]

누나여 누나여 나이가 일흔아홉이 되어
중년에 이미 부군을 잃고 거문고 비파 벗했네.
사리 밝은 부인으로 가문을 보전 유지하고
아비 여읜 자식 기르며 자상한 어미 되었네.
有姊有姊年七九　　中歲已失琴瑟友
保持門戶爲哲婦　　撫養孤幼作慈母

19　哀鴻(애홍): 《詩經》〈小雅·鴻鴈〉의 "기러기가 날아가며, 기럭기럭 슬피도 우네.(鴻鴈于飛, 哀鳴嗷嗷.)"에서 나오는 말. 살 곳을 잃고 사방으로 유랑하는 사람을 비유하여 노래한 것이다.
20　鄭礑(정담, 1517~?): 본관은 溫陽, 자는 可獻, 호는 十竹軒. 鄭順朋의 셋째 아들, 북창 鄭礦의 동생. 첫째 부인의 장인은 具淳이다. 1546년 식년시에 합격하여 생원이 되었고, 1553년 친시에 급제하였다. 경기도 도사를 지냈다.
21　具氏(구씨): 具小玉(1530~1594).

농에 명주 한 자 없으니 옷이 어찌 있었으며
자루에 식량 바닥나니 한 됫박인들 찧었으랴.
양인이 영원히 서로 저버렸음을 길이 한하나
만사에 마음 쓰느라 머리털 희도록 견디었네.
箱無尺帛衣何有　　囊乏餘糧斗可剖
長恨良人[22]永相負　　萬事關心堪白首

큰 걱정이 의당 장수를 누리리라 여겼는데
어찌 난리를 만나 재앙 입을 줄 알았으랴.
생각하건대 경성을 처음 지키지 못했을 때
말 채찍질하며 오히려 행궁을 향해 달렸네.
殷憂[23]謂宜享遐壽　　豈知遭亂罹凶咎
憶得神京[24]初不守　　策馬却向行宮走

숲속에 미칠 겨를 없이 서로 소식 들었는데
일푼도 돕지 못했으니 얼굴 오히려 두꺼웠네.
아, 셋째 곡은 나의 울음으로 입안에 머금고
창망한 외딴 바다 속에 홀로 오래 서 있네.
相聞無暇及林藪　　未助一錢顏尙厚

---

22 良人(양인): 어질고 착한 사람. 부부가 서로 상대를 이르는 말이다.
23 殷憂(은우): 깊은 시름.
24 神京(신경): 조선시대의 京城.

嗚呼三歌予咽在口　窮海蒼茫獨立久

조카 예조좌랑 구면
猶子禮曹佐郞䩙【公進】

비분강개하고 큰 절개를 지닌 데다 재주와 식견이 남보다 뛰어나 또래들이 추앙하였으며, 시문 또한 진세의 속된 기운이 없었다. 일찍이 당적 사건에 연좌되어서 춘관랑(春官郞: 예조의 낭관)에 의해 파면되었다. 임진년에 낭천 산골짜기로 피란하였는데, 적을 만나 굽히지 않다가 죽었다.

慷慨有大節, 才識過人, 爲流輩所推重, 詩文亦無塵俗氣。嘗坐黨籍, 以春官郞罷斥。壬辰歲, 避亂狼川²⁵山谷, 遇賊不屈而死。

조카여 조카여 예조에서 벼슬살이 했을 때
재주와 식견이 보통사람과는 같지 않았어라.
총명하고 기억력 좋아 무지개 뻗는 문재러니
생각하면 붓대를 들고서 성상을 모셨었어라.
有姪有姪官南宮²⁶　才識不與凡人同
聰明强記文吐虹²⁷　憶曾珥筆侍重瞳²⁸

25　狼川(낭천): 강원도 화천군 일대.
26　南宮(남궁): 조선시대 禮曹의 별칭.
27　吐虹(토홍): 시문 짓는 재주가 풍부함을 이르는 말.
28　重瞳(중동): 중국 舜임금의 눈동자가 둘이었으므로, 임금의 눈을 가리킴.

성상의 덕치 함께 도와서 보좌하는 공부를
어찌하여 경연 석상에서 그만두지 않았는가.
천명이 따라주지 않아 우리 도가 궁해졌거늘
배척하면 하늘길이 트이는 것 보지 못했네.

衣裳²⁹合贊斧藻功　胡不置之經幄³⁰中
命不相謀吾道窮³¹　斥去未見亨衢³²通

평생 불우하여 이미 더욱 상심할 만한데
어찌 칼로 자기 몸을 찔러 죽는단 말인가.
할머니도 어머니도 의탁할 수 없는 세 아이
원한의 기운 쌓이고 맺히는 것 끝이 없네.

平生坎軻³³已堪恫　何□割刀戕其躬
兩慈³⁴無托三兒³⁵侗　冤氣菀結³⁶無時終

---

29 衣裳(의상): 성군의 덕치를 뜻하는 말. 《周易》〈繫辭傳下〉의 "황제와 요순 시대
　　에는 임금이 의상을 드리우고 가만히 자리에 앉아만 있어도 천하가 그 덕에 힘입
　　어 잘 다스려졌다.(黃帝堯舜, 垂衣裳而天下治.)"에서 나오는 말이다.

30 經幄(경악): 經筵. 조선시대 신하가 국왕에게 유학의 경서나 역사서를 강론하는
　　일이나 그를 행하는 자리.

31 吾道窮(오도궁):《春秋左氏傳》노나라 哀公 14년 봄에 본디 聖王의 祥瑞인 麒
　　麟이 亂世에 잘못 나와서 잡혀 죽은 것을 보고는 이를 몹시 상심한 나머지 흐르
　　는 눈물을 옷소매로 닦으면서 이르기를 "나의 도가 궁하였도다.(吾道窮矣.)"라
　　고 한데서 나오는 말. 어쩔 수 없이 돌아오는 時運의 탓일 것이니, 굳이 자신의
　　불우한 신세를 한탄하면서 슬퍼할 것이 없다는 말이다.

32 亨衢(형구):《周易》〈大畜卦〉의 "하늘의 길은 형통하다.(天之衢亨.)"에서 나온
　　말. 구름이 오가는 하늘의 길은 드넓게 통하여 막힘이 없다는 뜻인데, 여기서는
　　국가의 앞날을 상징한 말로 쓰였다.

33 坎軻(감가): 때를 만나지 못하여 뜻을 이루지 못해서 괴로움이 큼.

정문 너에게 내려 높여야 하리라 여겼는데
늙어서는 너를 잃고 몽매한 나만 남았네.
아 넷째 곡은 나의 호소로 하늘에 사무치나
덧없는 인생의 모든 일과 함께 부질없구나.

表門得汝謂當隆　　臨老相失餘顚蒙[37]
嗚呼四歌予聲徹穹　　浮生萬事俱成空

외사촌형 군기시 정 이순수
內兄軍器寺正李順壽[38]【正老】

□□ 지역으로 피란하였는데, 적을 만나 자손 3명이 살해 당하고 1명은 포로로 잡힌 데다 이어 병을 앓아 일어나지 못했다. 그 뒤로 장남 이탁 및 여러 자손들 또한 잇따라 죽자 거의 멸문에 이르렀으니 참혹하였다. 또 듣건대 형이 병세가 매우 위중하면서도 계속 나의 이름을 부르면서 마치 부탁할 것이 있던 것 같았으나 죽었다고 하였다.

避亂□□地, 遇賊, 子孫三人見殺, 一人被擄, 仍患病不起。其後, 長子晫及諸孫, 亦相繼死亡, 幾至滅門, 慘矣。又聞兄疾革[39],

---

34　兩慈(양자): 할머니와 어머니.
35　三兒(삼아): 具仁奎, 具仁在 두 아들과 沈廷翼에게 시집간 딸.
36　菀結(완결): 가슴이 막힌 듯 답답함.
37　顚蒙(전몽): 어리석음. 몽매함.
38　李順壽(이순수, 1530~?): 본관은 全州, 자는 正老. 1560년 별시 문과에 급제하였다. 아버지는 李幼彦, 할아버지는 李澄源이다. 구사맹은 외조부가 이징원이니, 이순수와는 외사촌간이다.

連呼我名, 若有所托而卒云。

외사촌형이여 외사촌형이여 자는 정로인데
어려서부터 서로 아껴 주는 마음을 품었네.
침상에서 마주해 시서를 토론할 뿐만 아니라
더구나 과거장에서 군사 연합술까지 근심했네.
內兄內兄字正老　　結髮親愛同懷抱
不但詩書對床討　　況乃場屋⁴⁰連兵擣

소싯적 처지가 초라하게 되었으니
병이 많았던 몰골은 말라가고 있었네.
일찍이 신선의 의장 따라 촉도에 갔다가
문득 속세 떠나 봉래섬으로 돌아갔다 하네.
少年情境墮潦倒⁴¹　　多病形容就枯槁
曾隨仙仗⁴²幸蜀道　　旋聞泠馭⁴³歸蓬島

눈앞의 참혹함 어찌 보존할 수 있었으랴만
자손들 죽은 후 병마에 걸려 천명 다했네.

---

39 疾革(질극): 병세가 매우 위중함.
40 場屋(장옥): 과거 시험장.
41 潦倒(요도): 초라하게 됨. 자포자기함.
42 仙仗(선장): 임금의 儀仗.
43 泠馭(영어): 시원하게 바람을 탐.

홀로된 외숙모 일찍 죽지 못함을 한하였고
데릴사위가 반장하여 제사지낼 곳 만들었네.
眼前慘酷那得保　　身後沈綿⁴⁴復盡天
寡姑包死恨不早　　贅婿⁴⁵返葬⁴⁶成所禱

지난 일 추모하니 거의 궂거나 추한지라
남긴 당부의 말 들어보니 다만 번뇌롭구나.
아, 다섯째 곡은 거듭 불안에 시달리지만
어느 때나 무덤 위 풀에 한잔 술 부으랴.
追思往事幾醜好　　更聆遺語徒煩惱
嗚呼五歌兮重懆懆⁴⁷　何年一酹墳上草

처남 선공감 감역 신급
婦弟繕工監監役申礏⁴⁸【仲峻】

늙은 어머니를 모시고 이천 산골짜기로 피난하였는데, 적이 들이

44　沈綿(침면): 병이 깊숙이 들어 중함. 병이 오래 끎.
45　贅婿(췌서): 데릴사위.
46　返葬(반장): 타향에서 사람이 죽었을 경우에 그 시체를 고향의 선산으로 가져다
　　가 장례를 치르는 것.
47　懆懆(조조): 근심하여 불안함.
48　申礏(신급, 1543~1592): 본관은 平山, 자는 仲峻. 아버지는 申華國이다. 1583년
　　붕당간의 조정을 자임한 병조판서 李珥에게 불만을 가진 동인계열의 洪渾·禹
　　性傳·金應南·朴謹院 등이 이이·成渾·朴淳의 작은 과실을 사림의 공론으로
　　내세워 공격하자, 신급은 幼學의 신분으로서 이를 사악한 논의로 단정하고 이

닥치자 제각각 숨어 엎드려 있다가 멀리서 늙은 어머니가 적에게
맞는 것을 보고 이미 죽은 것으로 생각하여 마침내 스스로 목을 매고
죽었다.

奉老母, 避亂伊川山谷間, 賊至, 各自隱伏, 望見老母爲賊所擊,
意其已歿, 遂自縊而死。

이에 인간 세속을 초월한 중준이 있었으니
타고난 성품은 강개하고 기운은 초산같네.
예전 당시 일에 비분하여 혈소 봉해 올리니
하늘의 마음이 진동하여 지성에 감동하였네.

爰有仲峻出塵凡　　賦性忼慨氣峭巑
昔憤時事血疏緘　　天心震動感至誠

첫 벼슬을 음직으로 나아가 조복 걸쳤는데
무슨 벼슬을 할 것이냐 물으니 장작감이네.
공인들을 거느리고 소나무 삼나무 깎아서
신축과 수선에 능력 다하여 중상모략 끊었네.

는 사람의 화를 불러 일으킨다고 탄핵하는 소를 올렸다. 이 상소에 대해 선조
는 충성으로 나라에 보답한 士氣의 표상이며, 특히 당시 여진족 尼蕩介의 침
입을 격퇴한 친동생 申砬의 기상과 상통한다는 칭찬의 批答을 내리고, 6품의
녹을 하사하여 격려하였다. 그 뒤 정권을 장악한 서인의 지도자인 鄭澈에 의
하여 繕工監役에 추천되었으나 거절하고 재야에서 處士로 생활하였다. 1592
년 임진왜란 때 적을 피하여 도망하다가 이천에서 왜적을 만나 쫓기자 어머니
와 함께 절벽에서 투신하여, 충주에서 전사한 동생에 뒤이어 죽었다.

筮仕⁴⁹蔭進⁵⁰穿朝衫⁵¹問爲何官將作監⁵²
董率⁵³工徒斲松杉　效能營繕⁵⁴絶謗讒

전쟁 일어나 노인 부축해 산골짜기에 숨으니
벌써 어둑해 화가 닥쳐도 제대로 보지 못했네.
목 매어 죽기로 마음먹고 나 잡지 말라 하며
목숨 초개와 같이 보아 그릇되이 자복하였네.
兵起扶老伏嶺巖　禍迫已昏虛明鑒
決意雉經⁵⁵莫我摻　視命如草謬自芟

처자식은 멀리 소금기 있는 땅으로 보내졌고
살갗은 솔개의 먹잇감 되기를 겨우 면했네.
아, 여섯째 곡은 나의 마음을 다듬은 것이니
천추만고에 억울함 부질없이 머금을 것이네.
妻子遠寄斥鹵鹹　肌膚僅免爲鳶饞
嗚呼六歌予心鐫劂⁵⁶千秋萬古冤空銜

---

49 筮仕(서사): 처음으로 벼슬함. 원래는 처음 벼슬할 때에 길흉을 점쳐 태도를 결정하는 것을 말한다.
50 蔭進(음진): 조상의 공덕으로 과거 보지 않고 벼슬하는 것.
51 朝衫(조삼): 朝服. 관원이 조정에 나아가 의식을 시행할 때 입는 예복.
52 將作監(장작감): 토목이나 영선 등의 일을 맡아 보는 관청. 후에 繕工監 등으로 개칭되었다.
53 董率(동솔): 감독하여 거느림.
54 營繕(영선): 건물을 새로 건축하거나 수리함.
55 雉經(치경): 스스로 목을 매어 죽는 것.

처남 순변사 지중추부사 신립
婦弟巡邊使知中樞府事申砬【立之】

대장으로서 왜적을 정벌하러 출전하게 되자 조야에서 그가 승전했다는 보고 올리기를 바랐는데, 험준한 조령을 의거하지 못해 적을 유인하여 평지로 끌어들여서 단번에 무너뜨리고자 충주에서 싸웠지만 패전해 강물에 뛰어들어 죽었다.

일찍이 북도에 있으면서 계미년(1583) 변란을 만나 변방 요새로 토벌하러 나아가 니탕개를 쳤는데, 향하는 곳마다 당할 자가 없어서 항상 이길 수 있다고 여겼다. 더구나 왜구와 북로(北虜: 여진족)가 차이가 있음을 알지 못하여, 패전하고 죽는 지경에 이르렀으니 애석하다.

以大將出征, 朝野望其獻捷, 不據鳥嶺之險, 引賊入平地, 欲一蹴[57]崩之, 戰于忠州, 敗績[58]赴江死。蓋嘗在北道, 値癸未之變, 出塞擊賊, 所向無前, 狃於常勝。且不知倭寇與北虜有異, 以至喪師亡身, 惜哉。

이에 순변사로 뛰어난 무반이 있었으니
위엄과 명성이 혁혁하여 오랑캐가 떨었네.
왜적들이 쳐들어와서 산하를 짓밟으니

---

56 鐫劖(전참): 새김.
57 一蹴(일축): 단번에 물리침.
58 敗績(패적): 자기 나라에 패전을 일컫는 말.

병란이 십여 일 사이에 사방으로 번졌네.

爰有巡邊秀西班⁵⁹　　威名赫赫震戎蠻

卉服⁶⁰入寇蹂河山　　干戈彌漫旬日間

조정에서 장수로 임명하고 군기와 북 하사하여

조야가 원수의 머리 베어오기를 바라고 또 바랐네.

아, 한번 잘못되어 비린 피가 강물을 물들이고

장수와 군사들 한을 품고 가서 돌아오지 않네.

玉陛⁶¹命將旗鼓頒　　朝野望望馘完顔⁶²

吁嗟一跌腥血殷　　壯士懷沙⁶³去不還

조령이 우뚝 솟아 험난해 부여잡기 어렵더라도

어찌 먼저 중요한 관문에 자리잡지 않았는가.

당시에 실책이라며 기롱과 비방을 받았으나

시체 흙을 덮지 못했어도 혼은 한가하지 않네.

鳥嶺嶔崟⁶⁴險難攀　　何不先據扼函關⁶⁵

---

59 西班(서반): 조선시대에 武官의 반열 곧 武班을 달리 이르던 말.
60 卉服(훼복): 섬 오랑캐, 즉 왜노를 일컬음. 《書經》禹貢에 "島夷卉服"이라 하였다.
61 玉陛(옥폐): 大殿 앞의 섬돌. 대궐이나 조정을 의미한다.
62 完顔(완안): 여진족의 별칭.
63 懷沙(회사): 楚나라 屈原이 한을 품고 汨羅水에 몸을 던져 죽을 때 지었다는 시 제목.
64 嶔崟(금음): 산이 우뚝 솟아 있음.
65 函關(함관): 중요한 관문. 지대가 험고하여 적을 방어하기에 매우 적합한 지역이 라는 것이다.

當時失策買譏訕[66]　　體未復土[67]魂罔閑

뒤에 남은 처자식은 누구를 의탁해 고생할꼬
형은 연수 되어 의지할 데 없는 백성 구휼하네.
아, 일곱째 곡은 나의 눈물로 먼저 감추지만
하늘과 땅 다하도록 한스러움 떨치기 어렵네.

孤寡何托備辛艱　　兄[68]爲連帥[69]恤惸鰥
嗚呼七歌予涕先潛　　天長地久恨難刪

처남 수어사 원임 함경남도병사 신할
婦弟守禦使原任咸鏡南道兵使申硈【仲堅】

타고난 성품이 효성과 우애가 있었다. 무과에 급제하고 다섯 번
벼슬을 옮긴 뒤로 남도 병사(南道兵使: 경상도 좌병사)에 제수되고 가선
대부에 승진되었다. 난리 초에 구원하러 들어오라는 부름을 받아

---

66 譏訕(기산): 남을 헐뜯어서 말함.
67 復土(복토): 壙中에 하관하고 흙을 덮는 일.
68 兄(형): 申礁(1541~1609)을 가리킴. 본관은 平山, 자는 伯俊, 호는 獨松. 申硈
　　의 맏형이다. 1568년 증광시에 합격하였고, 1583년 정시 문과에 급제하였다.
　　1592년 임진왜란 중에는 備邊司 堂上으로 활동하였고, 광해군의 세자 책봉을
　　주청하기도 하였다. 1593년 병조참판을 거쳐 평안도 병마절도사로 부임하였다.
　　1595년 평안도 내의 철산군에서 탈옥 사건이 발생하여 그 책임으로 파직되었다.
　　1596년 동지중추부사에 임명되었고, 1603년 형조판서에 임명되었다. 이후 세자
　　시강원의 賓客을 겸임하고 知義禁府事를 거쳐 1608년 개성유수를 역임하였다.
69 連帥(연수): 節度使.

주상을 개성부에서 알현하고 수어사로 임명되었다. 임진을 지키게
하자, 한강을 건너 곧장 적의 진영까지 깊숙이 쳐들어가 적을 쏘아
많이 죽이고 상처를 입혔다. 적이 칼을 빼들고 돌진해오니 군사들이
무너져 흩어지자, 죽음을 면하지 못할 줄 알고 마침내 강물에 뛰어들
어 죽었다.

天性孝友。旣登科, 五遷授南道兵使, 陞嘉善。變初, 被徵入援,
上謁於開城府, 命爲守禦使。使守臨津。渡江直前薄賊營, 射賊多
殺傷。賊挺刃突至, 士卒潰散, 知不免, 遂馳赴江水而死。

이에 수어사가 있으니 어떠한 사람인가
벼슬은 절도사의 직함에 성은 신씨이네.
타고난 효성과 우애로 행실이 점잖고
식견이 뚜렷이 밝은 뛰어난 유신이라네.
爰有守禦何許人　　 官銜節度身姓申
天資孝友行恂恂[70]　　 識見分明邁儒臣

우로의 은혜 깊이 입어 새롭게 발탁되니
멸사봉공으로 청빈을 달게 여기네.
충성을 위해 임진을 지키며 적을 막으니
화살 하나로 봉화 연기와 먼지 깨끗하네.
雨露恩深拔擢新　　 奉公蔑私甘淸貧

---

70 恂恂(순순): 성실한 모양. 공손한 모양.

勤王⁷¹遏賊守臨津　　誓將一箭淸煙塵⁷²

육박전에 군사 흩어져서 뜻을 펴지 못하니
몹시 분개해 차라리 물에 뛰어들자 놀라네.
천지가 막혀 시운이 바야흐로 어려우니
네가 불량해 좋지 못한 때 태어남이 아니네.

薄戰兵散志莫伸　　憤憤⁷³寧赴驚濤淪
天地否塞⁷⁴運方屯　　非爾無良生不辰⁷⁵

소문만 듣고 달아나 오히려 몸만 보전하려는데
앞장서서 죽기로 지키면 누가 감히 성내리오.
아, 여덟째 곡은 다시 거들떠보지 않을진대
노래 끝나니 부질없이 마음만 불끈 일어나네.

望風奔北⁷⁶尙保身　　直前效死誰敢嗔
嗚呼八歌兮勿復陳　　曲終肝膽空輪囷⁷⁷

71　勤王(근왕): 임금에게 충성을 다함. 임금을 위하여 나랏일에 힘씀.
72　煙塵(연진): 烽火 연기와 전장에 이는 먼지를 말함.
73　憤憤(분분): 매우 화가 난 모양. 몹시 분개하는 모양.
74　否塞(비색): 운수가 꽉 막힘.
75　不辰(불신): 좋지 못한 시대.
76　望風奔北(망풍분배): 소문만 듣고 도망쳐 달아남.
77　肝膽空輪囷(간담공수균): 용기가 솟구친다는 뜻. 韓愈의 〈贈別元十八協律〉 시
　　에 "몹시 곤궁한 때에 감격을 받으니, 간담이 다시 불끈 일어나네.(窮途致感激,
　　肝膽還輪囷.)"라는 구절에서 나오는 말이다.

17. 찬획(贊畫)

세 종사관 노래
三從事歌

　　순변사 이일의 종사관으로서 홍문관 교리 윤섬과 수찬 박지, 조방
장 변기의 종사관으로서 예조 좌랑 이경류가 함께 상주의 전투에서
죽었다.

　　弘文館校理尹暹[1]·修撰朴篪[2], 以巡邊使李鎰[3]從事官, 禮曹佐郞

1　尹暹(윤섬, 1561~1592). 본관은 南原, 자는 汝進. 호는 果齋. 1583년 별시 문과
　　에 급제한 뒤 검열·주서·정자·교리·정언·지평을 지냈다. 1587년 사은사의 서
　　장관으로 명나라에 가서 李成桂의 조상이 李仁任으로 오기된 명나라의 기록을
　　정정한 공으로, 1590년 龍城府院君에 봉해졌다. 교리로 있던 1592년 임진왜란
　　이 일어나자 巡邊使 李鎰의 종사관이 되어 싸우다가 尙州城에서 전사하였다.
2　朴篪(박지, 1567~1592): 본관은 密陽, 자는 大建. 1584년 친시문과에 장원하
　　여, 弘文館修撰이 되고, 1592년 임진왜란 때 巡邊使 李鎰의 종사관이 되어 상
　　주에서 싸우다가 尹暹·李慶流 등과 함께 전사하였다.
3　李鎰(이일, 1538~1601): 본관은 龍仁, 자는 重卿. 1558년 무과에 급제하여, 전
　　라도 수군절도사로 있다가, 1583년 尼湯介가 慶源과 鐘城에 침입하자 慶源府
　　使가 되어 이를 격퇴하였다. 임진왜란 때 巡邊使로 尙州에서 왜군과 싸우다가
　　크게 패배하고 충주로 후퇴하였다. 충주에서 도순변사 申砬의 진영에 들어가
　　재차 왜적과 싸웠으나 패하고 황해로 도망하였다. 그 후 임진강·평양 등을 방어
　　하고 東邊防禦使가 되었다. 이듬해 평안도 병마절도사 때 명나라 원병과 평양을
　　수복하였다. 서울 탈환 후 訓鍊都監이 설치되자 左知事로 군대를 훈련했고, 후
　　에 함북 순변사와 충청도·전라도·경상도 등 3도 순변사를 거쳐 武勇大將을 지
　　냈다. 1600년 함경남도병마절도사가 되었다가 병으로 사직하고, 1601년 부하를
　　죽였다는 살인죄의 혐의를 받고 붙잡혀 호송되다가 定平에서 병사했다.

李慶流⁴, 以助防將邊璣⁵從事官, 竝死於尙州之戰。

태어나더라도 말세의 사람이 되지 말고
몸뚱이 있더라도 난리를 만나지 말지니,
말세에는 본디 쇠망한 것들이 많이 나오고
난리에는 쓰디쓴 고통 면하지 못한다.
有生莫作叔季人　　有身莫遭亂離辰
叔季由來多喪敗　　亂離未免饒酸辛

옥당학사 윤섬과 박지
예조좌랑 이경류는 모두 청춘이네.
玉堂學士尹與朴　　南宮李郎俱靑春

희디흰 청수한 자질은 닭을 피한 학과 같고
우뚝한 고결한 인품은 눈밭의 대나무 같아서,
경연에 입시해 성상 모셔 경전을 토론하고
예식 연습조차 조정의 벼슬아치와 부합하네.
皎皎淸姿避鷄鶴⁶　　亭亭孤標⁷映雪筠

4　李慶流(이경류, 1564~1592): 본관은 韓山, 자는 長源, 호는 伴琴. 1591년 식년
　　문과에 급제, 典籍을 거쳐 예조좌랑이 되었다. 1592년 임진왜란이 발발하자 병
　　조좌랑으로 출전하여 상주에서 상주판관 權吉과 함께 전사하였다.
5　邊璣(변기, ?~1592): 1592년 임진왜란 때 鳥嶺을 지키던 장수.
6　避鷄鶴(피계학): 韓愈의 〈醉贈張秘書〉에 "東野는 걸핏하면 세속을 놀라게 하
　　니, 하늘의 꽃 기이한 향기 토하는 듯하고, 張籍은 예스럽고 담박한 詩風 배워,

昵侍[8]經幄討典墳[9]　演禮[10]只合垂朝紳

전쟁이 하루아침에 남쪽 고을에 가득하자
보고서가 근심에 싸인 대궐로 어지러이 달려서,
명으로 장차 군사가 나가도 일은 이미 급하니
세 명은 모두 부름에 응하여 막빈이 되었네.

干戈一朝滿南州　　報章紛馳憂紫宸
命將出師事已急　　三君應辟爲幕賓[11]

이별하자니 어찌 처자식을 돌아볼 것이며
당상에는 각기 백발의 어버이가 있었지만,
아스라이 멀리 군대의 깃발을 따라 가니
철마가 뒤엉켜 관문과 나루 가리지 않네.

訣別焉能顧妻子　　堂上[12]各有白髮親
迢迢[13]遠逐戎旆[14]去　　鐵馬[15]錯莫迷關津

높은 鶴이 닭의 무리 피하는 듯하여라.(東野動驚俗, 天葩吐奇芬. 張籍學古淡,
軒鶴避鷄群.)"고 하는 구절을 활용한 말.
7　孤標(고표): 여럿이 있는 가운데에서 풍채가 뛰어나고 고상한 것.
8　昵侍(일시): 임금을 가까이 모심.
9　典墳(전분): 三墳五典. 三皇五帝의 글을 말하는 것. '고서'를 이르는 말이다.
10　演禮(연례): 예식을 演習한다는 뜻. 천자의 引見을 받은 사람이 인견하는 전날,
　　인견에 대한 예식을 배우고 연습하는 일을 말한다.
11　幕賓(막빈): 조선시대에 감사·유수·수사·병사·사신 등을 따라다니며 일을 돕
　　는 벼슬아치.
12　堂上(당상): 대청 위. 조부모나 부모가 거처하는 곳.

왜적들이 수풀과 같아 형세 감당할 수 없으니
서생들의 목숨만 어찌 진귀하다 하겠는가,
상주가 한번 깨짐에 피가 내를 이루며
귀천 막론하고 함께 죽어 먼지 따라 흩어졌네.
豺虎如林勢莫當　　書生性命安足珍
商山[16]一破血成川　　貴賤同死隨灰塵

세 종사관 끝내 어디로 돌아갔는가
원통한 기운 어슴푸레 푸른 하늘에 떠도네.
옛부터 병화가 어느 시대인들 없었는가
유신에게 먼저 미쳤다는 소문 듣지 못했네.
三從事竟何歸　　冤氣決漭[17]浮蒼旻
自古兵禍何代無　　未聞先及乎儒臣

나라가 이백 년 동안 선비를 양성하였으니
크게는 동량지신이요 작게는 수레 장인인데,
재목 다 쓰지 않았거늘 창칼 맡기는 격이니
백성을 생각하는 성상의 어짐이 불쌍하네.

13　迢迢(초초): 멀고 아득한 모양.
14　戎旃(융전): 군대의 깃발. 군영을 뜻한다.
15　鐵馬(철마): 철갑을 입힌 전마.
16　商山(상산): 尙州를 가리킴.
17　決漭(앙망): 분명하지 않은 모양.

國家養士二百年　　大者梁棟小輿輪¹⁸
用未盡材委鋒刃　　惻然軫念吾君仁

내가 지금 이 종사관들의 노래를 짓노라니
한 글자에 한 줄기 눈물이라 마음 아픈데
누가 장차 그들의 어버이를 위로할꼬
세월이 오래될수록 한은 더욱 새로우리니
세 종사관에 대해 거듭 말하기도 어렵네.
我今作此從事歌　　一字一淚堪傷神
誰將緩頰¹⁹慰其親　　歲久年深恨益新
三從事難重陳

【협주: 윤섬의 아버지는 윤우신으로 지중추부사를 지냈으며, 이경류의 아버지는 이증으로 판서를 지냈으며, 박지는 참봉 박천서의 아들이고 고인이 된 목사 박률의 손자이다.】

　이상 86명으로 남자가 78명이고 여자가 8명이며, 모두 시가 86수이다.

18　輿輪(여론):《孟子》〈盡心章句下〉의 "목수가 남에게 목공의 법도를 가르쳐줄 수는 있어도 솜씨 있게 만들어주지는 못한다.(梓匠輪輿, 能與人規矩, 不能使人巧.)"라는 말을 인용한 것임. 이에 대해 朱熹는 集註에서 "아래로 人事를 배우는 것은 말로 전수해줄 수 있지만, 위로 天理를 통달하는 것은 반드시 스스로 마음속으로 깨달아야 한다.(蓋下學可以言傳, 上達必由心悟.)"라고 그 의미를 설명하였다.
19　緩頰(완협): 말 잘하는 변사. 비유 등을 해 가며 느릿느릿 말하는 것.

【暹父又新²⁰, 知中樞府事, 慶流父增²¹, 判書, 篪, 參奉天敍²²之
子, 故牧使栗²³之孫.】

已上八十六人內, 男子七十八人, 婦人八人, 摠詩八十六首。

---

20 又新(우신): 尹又新(생몰년 미상). 본관은 南原, 자는 善修. 1561년 문과에 급제
    하였다. 1573년 안악군수에 이어 함흥판관이 되었다. 1581년 창원부사로 있다가
    파직되었다. 이후 迎慰使, 안주목사, 나주목사를 거쳤다. 1592년 임진왜란 때에
    는 지중추부사로 急告使가 되었으며, 같은 해 호조참판이 되었다. 이후 동지의
    금부사가 되었다.

21 增(증): 李增(1525~1600). 본관은 韓山, 자는 可謙, 호는 北崖. 1549년 사마시
    에 합격해 진사가 되고, 1560년 별시 문과에 급제해 승문원정자에 보임되었다가
    홍문관의 정자·박사·수찬·교리를 역임하였다. 이어 持平, 사간원의 정언·헌납
    등을 차례로 역임하고, 육조의 관직도 두루 거쳤다. 外任으로는 함경도북평사·
    경기도사를 지냈다. 1573년 이후로 병조·호조·형조의 참의와 판결사 및 도승지
    를 지냈고, 외직으로는 황해·충청·전라·경상 4도의 관찰사를 지냈다. 1591년
    형조판서에 제수되었으며, 뒤에 형조·예조·공조의 판서, 좌·우참찬을 역임하
    였다. 임진왜란 후에는 국가의 기강을 바로잡는 데 헌신하였다.

22 天敍(천서): 朴天敍(1546~1628). 본관은 密陽, 자는 惇叔. 음사로 繕工參奉,
    厚陵參奉을 지내고 內贍直長을 거쳐 典牲主簿로 승진하였고, 산음현감을 지냈다.

23 栗(율): 朴栗(생몰년 미상). 본관은 密陽, 자는 寬仲, 호는 遯溪.

18. 명유(名儒)

우계를 조상하다
哭牛溪[1]

숲속에 오래 머문 것 무슨 상관이 있으랴만
이때부터 마음속에 깊이 빠져서 시를 지었네.
후진 지도해 후학 문호 여느라 얼마나 애썼는지
모두 출처를 통하여 태평시절을 바라네.
非關林下久棲遲　　自是沈潛屋漏[2]詩
幾費提撕[3]開後學　　都將用舍[4]付明時[5]

1　牛溪(우계): 成渾(1535~1598)의 호. 본관은 昌寧, 자는 浩原, 호는 默庵. 1594년
　　石潭精舍에서 서울로 들어와 備局堂上·좌참찬에 있으면서 〈편의시무14조〉를
　　올렸다. 그러나 이 건의는 시행되지 못하였다. 이 무렵 명나라는 명군을 전면
　　철군시키면서 대왜 강화를 강력히 요구해와 그는 영의정 柳成龍과 함께 명나라의
　　요청에 따르자고 건의하였다. 그리고 또 許和緩兵(군사적인 대치 상태를 풀어
　　강화함)을 건의한 李廷馣을 옹호하다가 선조의 미움을 받았다. 특히 왜적과 내통
　　하며 강화를 주장한 邊蒙龍에게 왕은 비망기를 내렸는데, 여기에 有識人의 동조
　　자가 있다고 지적하여 선조는 은근히 성혼을 암시하였다. 이에 그는 용산으로
　　나와 乞骸疏(나이가 많은 관원이 사직을 원하는 소)를 올린 후, 그 길로 사직하고
　　연안의 角山에 우거하다가 1595년 2월 파산의 고향으로 돌아왔다.
2　屋漏(옥루): 집에서 가장 어두운 서북쪽 방구석을 가리킴. 아무도 모르는 자기의
　　마음속이라는 의미로 쓰인다. 《詩經》〈抑〉의 "혼자 방 안에 있는 그대의 모습을
　　살펴볼 때에도, 으슥한 방구석에 부끄러움이 없도록 할지어다.(相在爾室, 尚不
　　愧于屋漏.)"에서 나오는 말이다.
3　提撕(제시): 가르쳐서 인도함. 후진을 지도함.

백발로 하여금 도로 비방을 받도록 버려두니
누가 일편단심을 알아주지 않는다고 말하랴.
훗날 파산의 묵은 초가에서 여생을 보냈으니
채옹의 비문을 차마 찾아 읽을 것이릿가.
任敎白髮還嬰謗　　誰道丹心不見知
他日坡山[6]餘宿草　　可堪尋讀蔡邕碑[7]

4　用舍(용사): 用舍行藏. 세상에 쓰일 때는 나아가서 자기의 도를 행하고, 쓰이지
　　아니할 때는 물러나 은거함.

5　明時(명시): 평화스러운 세상. 태평시절.

6　坡山(파산): 지금의 파주를 일컬음.

7　蔡邕碑(채옹비): 내용이 진실하고 감정이 진지한 비문을 일컬음. 後漢의 문인
　　채옹이 일찍이 高士 郭泰의 비명을 지었는데, 비명을 짓고 난 뒤 盧植에게 말하
　　기를 "내가 비명을 지은 것이 많았는데, 그때마다 모두 마음속에 부끄러운 점이
　　있었으나, 오직 곽유도에 대해서만은 부끄러운 점이 없다.(吾爲碑銘多矣, 皆有
　　慙德, 唯郭有道無愧色耳.)"라고 한 데서 나오는 말이다.

팔곡선생 조망록 발 1

나의 외가 선조인 팔곡선생의 유고가 간행되었는데, 선친이 그 문집의 뒤에 발문을 써서 이르기를, "이 문집을 간행하며 미처 싣지 못한 시문 및 난후조망록 등은 근래 이름있는 재상[명공(名公)]과 어진 선비[현사(賢士)]의 사적에 많이 수록되어 있으니, 뒷날 열람하는 자들은 반드시 그것에서 취하는 바가 있을 것이다."라고 하였으니, 이는 진실로 훗날을 기다린 것이다.

그리고 선친이 또 선묘조(宣廟朝)의 날조된 역사를 바로잡고자 야언(野言)과 가록(家錄)을 거두어 모으니, 이와 관련된 것들이 이미 수집되어 채록하였으나 미처 본래의 주인에게 돌려주지 못하고 집에 보관되어 있었으니, 조망록 또한 그 중에 있었다. 나는 본가 및 후손들에게 물었지만 다른 여본(餘本)이 없었다. 그래서 선생의 증손자인 능평군 구일(具鎰)과 조망록이 오래 전해지도록 도모하였는데, 마침 종손 구문수(具文洙)가 안협 현감으로 나가게 되자 이것들을 취하여 간행하니, 능평군이 나에게 그 과정에 대해 발문을 쓰도록 하였다.

나는 생각하건대 이 조망록은 이미 선친이 역사를 바로잡을 때에 증거로 쓰인 데다 또 장차 널리 세상에 알려지면 충현(忠賢)이 남긴 절의의 행적으로 하여금 사람들에게 흠모하고 암송하는 바가 될 것이다. 선생의 친속(親屬)으로 말하면 제 스스로 애도하고 상심하여 지은 것이라 하겠지만, 또한 바른 성정과 돈독한 인륜에서 나온 것이다.

옛 사람들이 두보의 시를 시사(詩史)라고 칭하는 것은 온유돈후를 시교(詩敎)로 기록하였기 때문이다. 이 조망록이 빈말이 아님은 열람하는 자가 마땅히 스스로 알 것이니, 나 같이 보잘것없는 자가 또 어찌 감히 외람되이 논할 수 있겠는가. 우선 이렇게 써서 돌려주는 바이다.

병인년(1686) 초여름

외후손 숭정대부 판돈녕부사 이단하 재배하고 삼가 발문을 쓰다

八谷先生弔亡錄跋 一

我外先祖八谷先生遺稿之刊行[1]也, 先君子[2]識其後曰: "其未梓詩文若亂後弔亡錄之類, 多載近時名公賢士事蹟, 後之覽者, 必有所取之." 此固有待於後。而先君子, 又嘗刊正宣廟朝誣史, 收聚野言·家錄, 凡係已蒐採, 而未及還本主者, 仍藏于家, 弔亡錄亦在其中。余問諸本家及諸後孫, 無他本矣。乃與先生曾孫綾平君鎰[3],

---

1 　구사맹의 문집 《八谷集》은 1632년에 초간이, 1648년에 재간이 있었고, 택당이 초간의 발문을 지었음.

2 　先君子(선군자): 남에게 돌아가신 자기 아버지를 이르는 말. 여기서는 澤堂 李植을 가리킨다.

3 　鎰(일): 具鎰(1620~1695). 본관은 綾城, 자는 重卿. 1642년 진사가 되고, 1644년 洗馬를 거쳐, 1646년 공신의 嫡長子라는 이유로 품계가 올라 瓦署別提가 되었다. 1656년 금부도사가 되고, 1658년에 횡성현감, 1664년 남평현감을 거쳐, 1667년에 司宰監僉正이 되었다. 1668년 무과 별시에 급제해 都摠府經歷·훈련원부정을 역임하고 이듬해 洪陽營將이 되었다. 1670년에 장단부사가 되고 얼마 뒤 황해도병마절도사를 거쳐, 1672년에 경기수군절도사가 되었으나 병으로 그만두었다. 1674년 禁軍別將을 거쳐 1675년에 한성부우윤으로 승진되고 摠管이 포도대장을 겸하였다. 1678년 綾平君으로 봉해지고, 이듬해 당시 영의정 許積의 아들 許堅이 세력을 믿고 양가의 부녀를 겁간한 일이 있자, 그 죄를 다스리다가 오히려 誣告를 입어 김해에 유배되었다. 1680년 특별히 한성부판윤 겸 摠戎

謀所以壽其傳者, 適宗孫文洙[4], 出宰安峽, 取以登梓, 綾平俾余識
其事。余惟此錄, 旣爲先君子修史時所徵, 又將廣布於世, 使忠賢節
義之蹟, 爲人所欽誦。乃若先生親屬, 私自悼傷之作, 亦出於性情之
正, 倫理之篤。古稱老杜[5]詩爲詩史, 記以敦厚爲詩敎[6]。此錄之非空
言, 覽者當自知之, 余小子又安敢僭有所論? 姑識此而歸之。

時丙寅 首夏

外後孫崇政大夫判敦寧府事 李端夏[7] 再拜謹跋

　　使에 임명되고, 1688년 知敦寧府事가 되었다. 1689년 기사환국으로 대간의 탄
　　핵을 받아 삭직당해 송추에서 은거하였다.

4　文洙(문수): 具文洙(1637~1698). 본관은 綾城, 자는 道源. 1685년 안협현감,
　　1691년 의령현감을 거쳐 尙衣院 僉正을 지냈다.

5　老杜(노두): 두목을 小杜라 하는 데서 杜甫를 일컫는 말.

6　詩敎(시교): 시를 통한 인간 교육과 사회정화.

7　李端夏(이단하, 1625~1689): 본관은 德水, 자는 季周, 호는 畏齋·松磵. 아버
　　지는 택당 이식, 어머니는 沈忄宗의 딸 청송심씨이다. 심엄이 구사맹의 딸과 혼인
　　하였다. 곧 이단하에게 외할머니의 아버지가 구사맹인 것이다. 1662년 음보로
　　공조좌랑에 있을 때 증광문과에 급제하였다. 北評事·副校理·吏曹正郎을 거쳐
　　1668년 교리로 經書校正廳의 교정관이 되었다. 이듬해 訓鍊別隊의 창설을 제
　　안하였고, 응교·동부승지 등을 역임하고 1674년 대사성이 되었다. 그해 숙종
　　즉위 후 2차 복상문제로 숙청된 議禮諸臣 처벌의 부당함을 상소하여 파직되고
　　이듬해 삭직되었다. 1680년 경신환국으로 다시 벼슬길에 올라 이듬해 홍문관제
　　학이 되었다. 1684년 예조판서를 거쳐 같은 해 좌참찬에 올랐다. 1687년 좌의정
　　이 되었으나 병으로 사직하고 行敦寧府判事가 되었다.

발 2

조망록은 곧 나의 선조인 팔곡선생의 유고를 뒤따라 간행한 시집(詩集)의 다른 이름이다. 그것은 국사를 바로잡는 데에 믿을 만한 증거가 되었으며, 간행의 과정은 외재(畏齋) 상국(相國) 이단하의 발문에 상세하다. 바라건대 세월이 오래되어 글자가 많이 닳아서 없어지고 중간에 난리를 겪음에 전하여 널리 알리지 못한다면, 실로 선조가 시를 지어 포양(襃揚)하려 했고 증왕고(曾王考: 具鎰)가 조망록을 간행하여 오래도록 전하려 했던 뜻이 아닐 것이니, 뜻있는 선비들이 애석하게 여기는 바와 후손들이 부끄러워하고 두려워하는 바가 어찌 그 끝이 있겠는가.

못난 내가 조정에 은혜를 빌어 이곳에 부임해 온 것은 이 조망록을 중간(重刊)하고자 의논하려는 것이었다. 노저(鷺渚) 상국(相國) 이양원(李陽元)의 8세손인 이종영(李宗榮)이 마침 김천 찰방(金泉察訪)으로서 가까운 곳에 와 있어서 그와 함께 의논을 주고받고는 재목을 모아 간행하는 일을 시작하였으나 완료하지도 못한 채 뜻밖에 경체(徑遞: 만기 전에 다른 자리로의 교체)되었다.

일이 갑자기 많아짐에 비록 반드시 잘못된 곳이 없다고 보장할 수는 없으나, 조망록의 드러나고 드러나지 않은 것과 중간(重刊)의 전말에 대한 기록이 없을 수 없으니, 우선 그 자초지종을 기록하여 후세 사람들이 상고하여 살피는데 대비하고자 한다.

아, 이 조망록이 세교(世敎)에 도움이 되려는 것이지 마치 시인의
빈말처럼 실질이 없는 것이 아니라는 것은 외재(畏齋)가 이미 말한
것이니, 또 어찌 감히 군더더기의 말을 하랴.

계미년(1763) 봄 상순

불초 후손 가선대부 전 형조참판 구선복이 재배하고

삼가 발문을 쓰다.

跋 二

　吊亡錄, 卽我先祖八谷先生遺稿, 追後刊行, 詩什¹之別名也。其
徵信於國史, 刊行之節次, 畏齋李相國跋之詳矣。顧其歲月侵久,
字多頑缺², 中經喪亂, 傳布未廣, 則實非先祖作詩褒揚, 曾王考錄
梓壽傳之意, 其爲志士之所嗟惜, 而後孫之所怩懼者, 容有其極哉?
不肖, 丐恩於朝, 來莅³此土, 謀所以重刊是錄也。鷺渚⁴李相國之
雲孫⁵宗榮⁶, 適以金泉督郵⁷, 來住近地, 仍與之往復, 鳩材⁸始役, 而

1　詩什(시즙): 열 편씩 모은 시집을 가리키는 말. 여기서는 일반적으로 시집을 뜻
　　한다.
2　頑缺(완결): 닳아서 흐려짐.
3　來莅(내위): 강림. 부임.
4　鷺渚(노저): 李陽元(1526~1592)의 호. 본관은 全州, 자는 伯春. 1555년 알성
　　문과에 급제, 검열·저작을 거쳐 1563년 호조참의가 되었다. 그 뒤 평안도·충청
　　도·경기도의 관찰사, 형조판서·대제학·대사헌 등을 역임하고,1590년 종계변
　　무의 공으로 漢山府院君에 봉해졌으며, 이듬해 우의정에 승진하였다. 1592년
　　임진왜란이 일어나자 留都大將으로 수도의 수비를 맡았으나 한강 방어의 실패
　　로 楊州로 철수, 分軍의 부원수 申恪과 함경도병마절도사 李渾의 군사와 합세
　　해 蟹踰嶺에 주둔, 일본군과 싸워 승리한 뒤 영의정에 올랐다. 이때 의주에 피난
　　해 있던 선조가 遼東으로 건너가 內附한다는 소식을 전해듣고, 탄식하며 8일간
　　단식하다가 피를 토하고 죽었다 한다.
5　雲孫(운손): 구름과 같이 멀어진 자손이라는 뜻. 8대의 자손을 일컫는다.

工未告訖, 意外徑遞⁹。事多倉卒, 雖不能保其必無訛誤, 然其錄之
顯晦, 事之顚末, 不可無識, 聊記其源委¹⁰, 以備後人之考覽焉。嗚
呼! 玆錄之有稱於世教, 而非如詩人之空言無實者, 畏齋已言之矣,
又安敢贅疣¹¹也?

時癸未 仲春 上澣

不肖後孫嘉善大夫 前刑曹參判 善復¹² 再拜謹跋

6　宗榮(종영): 李宗榮(1723~?). 본관은 全州, 자는 仁吉, 호는 芝峯. 아버지는
　　李發馨이며, 외조부는 兪萬重이다. 1759년 식년시에 급제하였다. 함안군수, 兩
　　司 直赴를 지냈다.

7　督郵(독우): 郵驛에 관한 일을 감독한다는 뜻으로, 察訪을 달리 이르는 말.

8　鳩材(구재): 재목을 모음.

9　徑遞(경체): 벼슬이 만기되기 전에 다른 벼슬로 갈려 가는 것.

10　源委(원위): 原委. 자초지종. 본말. 경위.

11　贅疣(췌우): 몸에 불필요한 군더더기나 사마귀.

12　善復(선복): 具善復(1718~1786). 본관은 綾城, 자는 士初. 구사맹의 6대손이
　　다. 1738년 생원 진사시에 입격하여 생원이 되었다. 1748년 황해도 수군절도사,
　　1750년에 충청도 병마절도사가 되었다. 이후 금위대장과 훈련대장, 총융사를
　　지냈다. 1776년 병조판서와 형조판서를 역임하였다. 1779년 정조의 후궁 元嬪
　　洪氏가 소생 없이 갑자기 죽자, 洪國榮은 정조의 이복동생인 恩彦君 이인의
　　아들 李湛을 죽은 누이 원빈의 양자로 삼았는데 상계군이 되었다. 1786년 5월에
　　정조의 아들 문효세자가 죽고, 9월에 宜嬪成氏가 사망하자 왕대비 貞純王后가
　　모자의 죽음에 의심스런 정황이 있다고 보았다. 곧이어 11월에 상계군이 사망하
　　면서 구선복이 이 역모사건의 주모자로 지목되었다. 상계군의 외할아버지인 송
　　낙휴는 이 죽음에 金尙喆, 구선복이 관련 있다고 고변하였다. 구선복은 송낙휴
　　의 처재종숙부이며, 역모에 가담한 金寧鎭은 김상철의 서자이자 구선복의 사위
　　였다. 정조는 김상철·金宇鎭 부자가 모의를 알고도 고하지 않았다고 하여 구선
　　복을 처형하고, 김우진·김영진을 유배 보냈다. 구선복이 효시될 때 집안사람들
　　인 具善亨, 具明謙·具宜謙·具得謙, 具屢郞伊·具鼎和 등이 연루되거나 연좌
　　의 죄를 입었다.

[참고 자료]

팔곡집 발문[1]

이식(李植, 1584~1647)

이 문집은 문의공(文懿公) 구사맹(具思孟)의 팔곡유고(八谷遺稿)를 8책으로 묶은 것이다. 장남 능해군(綾海君) 구성(具宬)이 순서를 매기고 수서본(手書本) 8권으로 만들어 집에 보관해 두었는데, 이번에 막내아들 능성군(綾城君) 구굉(具宏)이 호남과 영남에서 수군을 통제하며 봉록을 모아 자재를 마련하고 간행할 계획을 세웠다.

이에 내가 공역(工役)이 거창하여서 간행해 배포하는 것이 넓지 못할까 염려하자, 또 원고(元稿)를 덜어내어서 4편(編)으로 만들었다. 모두 사(辭) 3수, 송(頌) 1수, 시(詩) 538수, 소(疏) 4수, 차자(箚子) 2수, 표전(表箋) 3수, 제문(祭文) 13수, 묘지(墓誌) 3수, 서문(序文) 1수 등 총계 568수였다. 공역을 마치고 대학사(大學士: 태학사) 계곡(溪谷) 장공(張公)에게 부탁하여 서문을 지었다.

이 문집을 간행하며 미처 싣지 못한 시문(詩文)과 만사(挽詞) 및 난후조망록(亂後弔亡錄) 등은 근래 명공(名公)과 현사(賢士)들의 사적

---

1 《택당선생집》제9권 〈八谷集跋〉, 이상현 역, 한국고전번역원, 1996에서 약간 윤문하여 인용하였음을 밝힌다.

에 많이 수록되어 있으니, 뒷날 열람하려 하면 반드시 구해 볼 수 있을 것이다.

나는 겨우 약관의 나이로 공(公: 구사맹)의 문하에서 노닐었는데, 공은 당시 나이가 벌써 칠순(七旬)이었는데도 조용히 앉아서《역전(易傳: 정이천의 주석서)》과《본의(本義: 주희의 주석서)》를 탐독하였으니 날마다 정해 놓은 과정(課程)이 있을 터였다.

문자(文字)를 쓸 즈음에는 비록 사소한 장첩(狀牒: 보고서)이나 찰한(札翰: 편지)일지언정 반드시 공손하고 삼가서 한 글자도 구차하거나 경솔하지 않았으며, 서법(書法)이 자못 공교로웠지만 아무리 황급하게 써야 할 순간에도 초서로 휘갈겨 쓴 적이 없었다.

평상시에 문장가로 적임자임을 자부하지 않아 손님이든 친구이든 시문을 두고 평론한 적이 없었는데, 오직 친자식들만이 간혹 한 시대의 종장(宗匠)이나 재자(才子)의 시문을 가지고 와서 사사로이 가르침을 청하면, 공이 비록 비평하려고 하지 않았을지라도 아주 드물게나마 허락하는 얼굴빛이었다.

대체로 보아 세상은 바야흐로 좌구명(左丘明)과 사마천(司馬遷)이나 위진(魏晉)의 격조와 법식으로만 치달리고 있는데도, 공은 경전(經傳)의 깊은 이치를 탐구하고 송대(宋代)의 법도를 취하여 두루 통창(通暢)하고 주도면밀하게 하는 것을 위주로 삼았으니, 서로 어울리지 못하는 것은 본디 당연한 일이었다.

이제 이 문집이 세상에 나오면 학사(學士)와 대부(大夫)들이 헌 빗자루처럼 여기지 않는 자가 거의 드물 것이다. 그러나 부자(夫子)가 말하기를, "먼저 예악을 배우고 관직에 나서는 것은 야인(野人)이고,

관직에 나선 뒤로 예약을 배우는 것은 군자(君子)이니, 만약 인재를 뽑으라고 하면 나는 먼저 예약을 배운 선진(先進)을 기용할 것이다.” 라고 하였는데, 어리석은 나 또한 오늘날로 말미암아 선배들의 진실하고 근후한 기풍을 자세히 살펴보고자 해서 흠모하여 그렇게 되기를 바라는 자가 있다면, 이 문집 속에서도 그 대략을 얻어 볼 수 있을 것이라고 생각한다.

右具文懿公諱思孟八谷遺稿八冊。長公綾海君宬, 撰次手書爲八卷, 藏于家, 今其季公綾城君宏, 統制水軍于湖嶺, 用俸餘鳩材, 將謀入板。植慮其工役之鉅而印布之不廣也, 則又就元稿刪爲四編。凡辭三首, 頌一首, 詩五百三十八首, 疏四首, 箚子二首, 表箋三首, 祭文十三首, 墓誌三首, 序文一首, 總五百六十八。旣訖工, 屬大學士谿谷張公序之。其未梓詩文及挽詞若亂後弔亡錄之類, 多載近時名公賢上事蹟, 後之覽者, 必有所取之矣。植甫冠遊公門, 時年已七十, 猶靜坐讀易傳本義, 日有程課。其於文字, 雖狀牒札翰之微, 必致恭恪, 無一字苟率, 其書法頗工, 而雖在急遽間, 未嘗作草書。居常不以文翰自任, 賓友間, 未嘗評騭詞藻, 惟親子弟, 或以一代宗匠才子之作, 私爲請敎焉, 則公雖不欲雌黃, 殊少許可意色。蓋世方騖於左馬魏晉格法, 而公探賾經傳, 取裁于宋氏, 以該暢縝密爲主, 則其不相合固宜。今是集之出, 學士大夫, 不視爲弊帚者幾希。然而夫子之言曰：“先進於禮樂, 野人也, 後進於禮樂, 君子也, 如用之則吾從先進。”愚亦以爲由今日, 欲究觀先輩愨實敦謹之風, 而有所希慕焉者, 於斯集亦可以得其大槩矣。

찾아보기

ㄱ

강화(江華) 30

강화도(江華島) 63

개성부(開城府) 30, 129

결성(結城) 60

경성(京城) 31, 118

고경명(高敬命) 26, 34, 35, 58

고언백(高彦伯) 31

고종후(高從厚) 34

곡옹(谷翁) 20

공주(公州) 112

관우(關羽) 30

관운장(關雲長) 33

구굉(具宏) 145

구면(具䎱) 91, 119

구문수(具文洙) 139, 141

구사맹(具思孟) 145

구사민(具思閔) 112

구사증(具思曾) 115

구선복(具善復) 144

구성(具宬) 114, 115, 145

구소옥(具小玉) 117

구일(具鎰) 139, 140

굴원(屈原) 23

권율(權慄) 54

권희인(權希仁) 54

금산(錦山) 22, 23, 26, 35, 43, 58,
59, 61

기린각(麒麟閣) 47, 48

기미성(箕尾星) 70

기성(箕城) 80

김면(金沔) 62

김상건(金象乾) 101

김시(金禔) 99

김시민(金時敏) 48

김연광(金鍊光) 37

김응건(金應鍵) 60

김전(金詮) 108

김제갑(金悌甲) 65

김준민(金俊民) 51, 52

김찬선(金纘先) 99

김천일(金千鎰) 27, 41, 42, 44, 63,
101

김해(金澥) 66

김화(金化) 56

ㄴ

낙동강(洛東江) 109

낙양성(洛陽城) 67, 92

난후조망록(亂後吊亡錄) 19, 139,
145

남정유(南挺蕤) 38

낭천(狼川) 119

니탕개(泥湯介) 126

ㄷ

다대포(多大浦) 39
당진(唐津) 60
대구(大邱) 109
동래(東萊) 29
동래부(東萊府) 29
두로도(豆老島) 110, 111
두보(杜甫) 92, 140

ㄹ

류몽웅(柳夢熊) 102
류몽정(柳夢鼎) 80
류숭인(柳崇仁) 48, 49
류팽로(柳彭老) 35

ㅁ

무계(武溪) 51
문몽헌(文夢軒) 94

ㅂ

박률(朴栗) 135, 136
박숭원(朴崇元) 79
박점(朴漸) 89
박지(朴箎) 131, 132, 135
박지화(朴枝華) 91
박천서(朴天敍) 135, 136
박충후(朴忠後) 109
박팽년(朴彭年) 109
백광언(白光彦) 57
백족(白足) 61
변기(邊璣) 131, 132
변응정(邊應井) 58

북로(北虜) 126

ㅅ

사마천(司馬遷) 146
삭녕(朔寧) 31, 89
상산(常山) 65, 66
상주(尙州) 66, 131, 134
성박(成博) 104
성여해(成汝諧) 31, 32
성영달(成永達) 53
성이(成怡) 104
성자한(成子漢) 104
성혼(成渾) 137
손인갑(孫仁甲) 50
송상현(宋象賢) 29
송제(宋悌) 60
수양(首陽) 19, 20
수양성(睢陽城) 23, 24
시사(詩史) 140
신각(申恪) 87
신계형(申季衡) 40
신급(申礏) 123, 128
신릉군(信陵君) 96, 97
신립(申砬) 84, 126
신할(申硈) 85, 86, 128
심대(沈岱) 30, 31
심충겸(沈忠謙) 75

ㅇ

안고경(顔杲卿) 65, 66
안협(安峽) 107, 139
압록강(鴨綠江) 83

약옹(藥翁)   19, 20, 43
양산숙(梁山璹)   41, 42
양응정(梁應鼎)   41, 42
양주(楊州)   40, 41, 90, 102, 103
여강(驪江)   56
여포(呂布)   51
영규(靈圭)   61
영규(靈珪)   61
영균(靈均)   23
영원산성(翎原山城)   65
예락하(曳落河)   32, 33
오경천(吳敬天)   103
완안(完顔)   127
용만(龍彎)   79
용인(龍仁)   57
우계(牛溪)   137
우성전(禹性傳)   63
웅현(熊峴)   59
원거별(元巨撤)   106
원주(原州)   65
원호(元豪)   56
유극량(劉克良)   85
유홍(兪泓)   73
윤섬(尹暹)   131, 132, 135
윤우신(尹又新)   83, 135, 136
윤정란(尹廷鸞)   112
윤흥신(尹興信)   39
의령(宜寧)   54, 55
의주(義州)   41, 112
이걸(李傑)   96
이경류(李慶流)   131, 132, 135
이경유(李慶濡)   106

이곽(李碅)   81
이단하(李端夏)   140, 141, 142
이려(李勵)   43
이산보(李山甫)   71
이성중(李誠中)   72
이순수(李順壽)   121
이순신(李舜臣)   46, 47
이신충(李愼忠)   94
이양원(李陽元)   77, 142, 143
이예남(李禮男)   104
이욱(李勗)   108
이유인(李裕仁)   90
이유징(李幼澄)   72
이일(李鎰)   131
이조(李稠)   106
이종문(李宗文)   109
이종영(李宗榮)   142, 144
이종인(李宗仁)   51
이종택(李宗澤)   109
이증(李增)   135, 136
이지시(李之詩)   57
이천(伊川)   123
이탁(李鐸)   43
이팽수(李彭壽)   96
이해수(李海壽)   20
이회수(李淮壽)   43
이휘(李徽)   95
임진강(臨津江)   85

ㅈ

자신궁(紫宸宮)   42
장성(長城)   52

장순(張巡)   30

장윤(張潤)   45

전주(全州)   59

정담(鄭礑)   117

정담(鄭湛)   59

정명세(鄭名世)   36

정운(鄭運)   46, 47

정유청(鄭惟淸)   98

정철(鄭澈)   68

조령(鳥嶺)   126, 127

조완기(趙完基)   23

조지범(趙之範)   107

조헌(趙憲)   22, 43, 58

종가(鍾街)   31

좌구명(左丘明)   146

죽령(竹嶺)   112

진주(晉州)   27, 33, 34, 36, 44, 48,
        49, 52, 53, 60

진주성(晉州城)   44, 45, 53, 101

ㅊ

창의군(倡義軍)   101

채옹(蔡邕)   138

철령(鐵嶺)   94

청정(淸正)   94

청주(淸州)   61

최경회(崔慶會)   33

최진(崔進)   110

추의군(秋義軍)   63, 64

춘천(春川)   92

충주(忠州)   126

ㅍ

파산(坡山)   138

팔곡(八谷)   139, 142

팔곡유고(八谷遺稿)   145

평양(平壤)   80

평의지(平義智)   24

ㅎ

하란(賀蘭)   50

하란진명(賀蘭進明)   50

한연(韓淵)   82

해령(蟹嶺)   87

현소(玄蘇)   24

홍복산(洪福山)   102

홍성민(洪聖民)   70

황석공(黃石公)   45

황염(黃恬)   114, 115

황정식(黃廷式)   80

황정신(黃廷愼)   114

황진(黃進)   44-46

황희(黃喜)   114

회양(淮陽)   37

횡성(橫城)   106

훼복(卉服)   127

난후조망록

亂後弔亡錄

영인 자료

《八谷雜稿》, 1763, 국립중앙도서관 소장(한古朝45-가190)

여기서부터는 影印本을 인쇄한 부분으로 맨 뒷 페이지부터 보십시오.

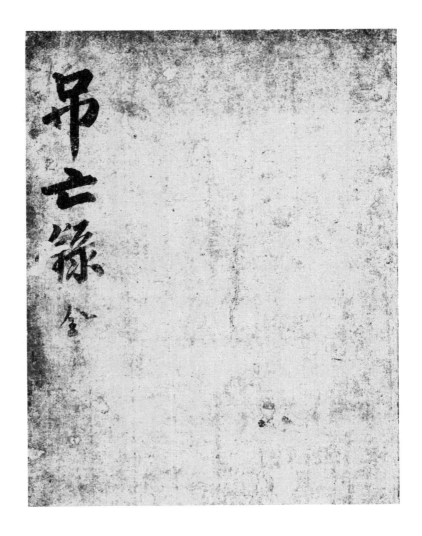

1

2

八谷雜稿

亂後吊亡錄序

甲午秋余在首陽一日訪藥翁扵僑居之室
出示其所題亂後吊亡錄且要同佐余受而
讀之則盖取喪亂以來表表可記者二十八
人作詩以哀之其所以褒奬忠賢激厲偷俗
之意至矣余不可以荒拙辭既次其韻復採
其所未及載錄者三十二人續貂成篇用補
其缺仍加標目分為十四以求正于藥翁藥

3

翁見而領之則益自信其品彙取捨之不苟

也後又添賦二十六人增標目為十七彙為

一編共著干首題下書次者藥翁先題而次

其韻者也書補者其所未錄而補其缺者也

空無所書者係余私感或藥翁未及見而不

次者也尾又繼之以八歌則傷親戚之不幸

罹禍悲慟迫切之詞也嗚呼尚忍言哉是歲

仲冬上澣谷翁識

死節

公州提督官 贈吏曹叅判趙憲 汝式次

趙提督憲倡義湖西率其門徒直入錦
山賊陣對壘力戰父子同死人皆壯之

賊之精銳亦殂盡後日棄
營而通此戰實啓之也

忠似靈均識者誰 此心臨難不曾移 男兒一

死真餘事誰牽方紆 聖主知

萬事紛紛說向誰 孤貞不為衆非移 睢陽竟

作江淮障功首 中興世莫知

謀 國當年屬阿誰 金甌直向鈎頭移封章

人文齋寫

二

5

凛凛堪威敵劇恨時人不早知當上疏請斬

之首函送天朝皆倭平義智玄蘇

之用事来使本國者也

直擣兇鋒更有誰忘身寧復待文移只緣大

義實看得萬刃當前都不知

龍城一問子為誰二紀空驚歲月移忍和衷

詞題卷後老夫非止咲相知

工曹僉議　　贈禮曹判書高敬命而

壬辰歲倡義湖南七月八日錦

山賊陣與同志力戰而死

山賊陣興同志力戰而死順次

橋藻曾欽獨擅奇誰知死節更堪悲摧鋒血

戰基恢復論定功當盖一時

判決事　贈左贊成金千鎰士重次癸巳七月

晋州為賊所陷倡義使金千鎰死之

欲報平生　聖主知擎天力小竟何為成仁

但取終吾志功烈非關竹帛垂

東萊府使宋象賢求次德人多以公輔期

之在東萊聞慶即聚軍為固守之計及賊喻城知不免束甲正冠帶據胡床而坐見賊大罵為卒倭所害賊亦知其忠義棺歛城外

兇首奮罵凜如霜獨擁胡床不下堂毅魄空

隨巡作屬貞名應配闕流芳

京畿巡察使　贈吏曹判書沈岱　望補公

變初爲輔德皇嶽請自往兩湖督帥臣入援自江華
乘舟以往命特授堂上旋陞嘉善
巡察京畿聞而畏忌在朔寧卧未
中人多歸之賊遠近收聚器械京
起賊突至遂過害收復掘發
取其頭而去懸于鐘街楊牧高彥伯取
還其家初京居故嫁其妹于倭將
賜爲內應求爲軍官從信之至是
引賊潛來以害汝猾猾竟伏誅

主辱無人畏簡書忘身焉用事安居徵兵不
憚懸帆遠杖鉞重憂布陣踈曳落未亡謀豈

8

淺雲長先敗理何如伊誰呪着中丞血收瘞

還全再死餘

慶尙右道兵使　贈戸曹判書崔慶會
補　抵嶺遏賊挫銳卒死晉州

才全文武出凡曹倡義興師志亦高幾斃兇
有文武才倡義舉兵自湖

鋒當一面殺身還復委施施

禮曹佐郞高從厚道次　敬命子也欲復　君父之讐起
兵討賊死　於晉州

忠孝堂堂不愧天惟思一洗犬羊羶大讐未

9

復生何用勇決元非待萬全

成均館學論 贈司諫柳彭老 次倭聞
變與妻子訣別從高敬命討賊錦山之
戰潰圍馳出數里許問知大軍猶在圍
中曰我不可獨生還赴賊陣其奴控馬
止之故飼斬其臂突入賊中尋得敬命

賊與敬命俱死
所在射殺五六

明知急病義之先赴敵都忘萬事搯斬臂家
奴那解主應同忠將共流傳

海美縣監鄭名世 時補治邑為湖西茅
伯 率縣兵南下

亦死
晉州二

曾將治績最全湖兵起祖征勝武夫畢竟捨

生城陷日方知不是小人儒

淮陽府使　贈禮曹叅判金鍊光　彥次

賊猝入淮陽鍊光知不免即火倉庫城擁致於庭不脫冠帶使之竟大罵不屈

賊怒斬頭掛樹而去

賊騎長驅疾若飛倉皇寧復待交綏忿然罵

死自忠膽寢穴全身非所知

祥雲道察訪　贈吏承旨南挺　缺　賊已

入境不肯避去及賊入門整衣冠而出抗罵不絕賊怒斬其腰

11

曾於嶺表見君顏誰識孤忠便激頑郵傳缺

官骸死國堪嗤肉食謾崇班

多大浦僉使尹興信 倭賊圍城力戰却之其下

日明善舉陣來攻勢必難支莫如出避
興信曰有死而巳何忍去也賊果大至
軍卒盡逃獨終日
射賊城陷而死

奔亡列郡已全空分死危言獨效忠麾下著
教終未散孤城猶足策奇功

工曹佐郎申季衡 有孝行以薦授
職亂初人皆勸

主上在此捨而何之後逞于楊
避州地賊猝至瞋目不屈賊怒而戕之嘗

208 팔곡 구사맹 난후조망록

缺
淮下

日吾年踰八十豈有一
毫顧惜意遇賊當免云

予生苦節邁諸儒臨死猶能不少渝移孝為

忠復何恨空教瞻聽倍驚吁

工曹佐郎梁山璹　補
梁松川應昌之子以金千鎰從引對言甚激功賜酒慰諭擢授工曹佐郎還陣卒

典千鎰同死

千里刳肝謁　紫宸密承　酬酢玉音頻

殊恩到骨裸何有一死方知報　主辰

儒士李勵　次
相國鐸之孫僉樞准之子於藥翁為猶子年

九六従義兵将

趙憲戰死錦山

弧矢當年志四方従師討賊弱骸強莫言韋

布都無膳家操元非畏死傷

力戰

忠清兵使　贈右賛成黃進　補過人
勇略

撃賊多斬獲以忠清兵使領軍南下轉
闘以前與金千鑑等守晋州城以晋為
湖南保障也撫循将士浹洽激厲觀頁
土石修完城堞人皆感奮效死晝夜苦
戰終始不懈有古将風城
陷前一日中鐵丸而死

恐是前身坥上翁揮戈不獨兩隅空一城激

勸甘同死髮竪初聞烈士風

贈兵曹叅判張潤 補 為黃進副將晉州被圍力戰射

戰功亞於進亦中丸而死

孤城援絶被重圍亞將功高事已非身與爺

夷魂尚在讜憑矢復故鄉歸

康島萬戶 贈北道兵使鄭運 補 全羅

左水使李舜臣率舟師抵嶺南海島水戰屢捷運之功景大中鐵丸而死

幾度橫衝海賊空舟師驚報失驍雄他年轔

閣圖形地誰復慮當第一功

15

慶尙兵使兼晉州牧使金時敏 補壬辰

秋賊攻晉州判官金時敏嬰城固守晝
夜力戰殺賊不可勝紀賊不能拔遁去
起拔牧使又代柳崇仁
爲兵使曰中九不久死

旌旗蔽野戟如林一片孤城百道侵却賊竟

脏今保障亡身猶得衛蒼黔

慶尙右道兵使柳崇仁 補

援直前格闘
死於城下

晉之被圍
也崇仁赴

擁衆何心作賀蘭捐生赴鬪萬人皆英風凛

烈衝旗矗矗足使強酋膽已寒

16

前僉使 贈兵曹判書孫仁甲 補〔勇力〕

絕倫多殺賊立功行至武溪江邊馬跌墮水淬死

扼虎力蕪懸布勇彎弓射賊血成河只應天
意重加警未必江流解殺他

金海府使 贈兵曹判書李宗仁 補

典金俊民嘗在北道以驍健善戰稱至是兩人力鬪屢捷聲聞景著竟同死扵晉州

桓桓早擅折衝才南徼爭傳破賊迴鑣作長
城終不保徒令遺庶哭如雷

巨濟縣令　贈刑曹判書金俊民　補

身經百戰志逾勵一飯那忘掃賊營膽略竟

曰時命屈空輸義烈宛孤城

慶尚右道兵馬虞候成永達　補力戰
多後

襄亦死
晉州

先登鏖戰挫強梁猛將如君合外攘誰遣晉

城忠勇盡撫膺洒血叫蒼蒼

恭安郡守權希仁　補都元帥權慄請
素以虓果編因

於朝南下擊賊遇敵突進
曹不顧身死於宜寧之戰

18

壯心自負不虛生準擬妖氛一掃清霆擊風

馳眷颯爽雲愁雨咽喪精英

防禦使元豪　次 亂初再捷驪江賊不敢近後入金化遇賊

兵敗不屈而死

屈而死

臨機奮勇喜生風賊畏驪江過截雄事去身

殲終不屈九原應恨未成功

助防將白光彦　助防將李之詩

以全羅左右道助防將領兵入援至龍仁遇賊衆皆奔潰兩人親冒矢石力戰

死而

西南赴赴干城將前後茫茫劒戟塲恊力勤

王期滅賊那知義勇反罹殃

海南縣監邊應井　次　討錦賊挫其鋒銳遂戰死賊之

撤營宵遁蓋由於此

高趙二軍相繼亡偏師直進勇無當終然未

盡凶渠穴一戰終成復我疆

金堤郡守鄭湛　次　把之熊峴救傷過錦賊將犯全州湛

當遂力戰而死賊自此不敢復窺湖南

將軍膽勇如虓虎搏戰寧求性命全保得湖

20

南功景巨幾時　思獎到黃泉

唐津縣監宋悌　結城縣監金應鍵

補兩人善治民有戰功亦率兵南下並死晉州

國讐天不助寃魂應向夜深啼

唐津俊壯人皆服果毅結城竟與齊譽復

僉知中樞府事　贈同知僧靈珪　次

義僧靈珪舉僧軍擊賊院復清州又據錦山力戰而死

挺身臨陣作先鋒清錦曾摽力戰功多少衣

冠誰效死徒聞白足獨褒忠

倡義

慶尚右道兵使 贈兵曹判書金沔

倡義嶺南多立戰功
次擢授兵使未幾病卒

忠義根心衆所知勤 王倡起嶺南師功名

未了身先死雪涕空添爲 國悲

大司成禹性傳 景次以
辰秋起兵餘旬
善以秋義爲號與金
千鑑等趂扲江華以通南北遂共追
䁎賊旱疾而還阮卒追削其官爵蓋嘗
命趍海以擊平壤
之賊而不至也

絶裾何用棄慈親秋義軍聲憺遠人監錯政

當領利器艱危方始識忱臣西通　朝命切

輸　國南蹕翦蹤病促身　恩典未加追讜

重空令衰疾淚沾巾

死官

原州牧使　贈吏曹判書金悌甲（順初補）

聞賊已逼八翶原山城未及備
州人附賊者鄉導猝至遂遇害

常山不作景卿迎守備全無賊逼城擾險更

逢民助逆幾行衰淚激情橫

尚州牧使金澥（士晦）次出境卒遇害
賊擾尚州猶不

23

将身不失死封疆臨難方知共理良想得洛

陽城下夢尚来應是苦思鄉

輔弼

寅城府院君鄭澈 季次 涵

確然夷險一剛腸誰向明堂替奉璋白璧豈

因蠅汚穢黄花非受蝶摇狂　両朝寵辱環

空在三事勲庸嵒未亡憂　國至誠應不泯 蝶指 雜客

行傾東海洗南疆 雜客

判中樞府事益城君洪聖民 時次 可次

24

誰賦緇衣繼國風向來勳業少如公藩方可

俚蘇黔首廟廟終當翊　聖躬縹緲奄騎箕

尾遠慘悽還覺市朝空喪年世路知心盡哭

沂秋天恨不窮

右叅贊李山甫〔仲舉〕次

忘身殉　國病相隨荄速還驚殄瘁期力賛

中興功未畢舊僚偏為介臣悲

戶曺判書李誠中〔公〕次〔以餉軍勞瘁卒于南中其子義〕

州牧使㓜澄亦卒于官父子相離而死不相聞知可哀也已

均
句
勑

嶺外調粮事可知竟將心計賭神疲南邊西

塞幾千里塊䰙無依增我悲

左議政把城府院君俞泓 止叔

立　朝風節冠公卿憂　國空添鬢鬚明已

了勳名盟帶礪還將地堂秉均儞時危不盡

䀋梅用道大何傷貝錦成尚賴　鴻恩終未

替龍驤新起故原塋

兵曹判書沈忠謙 公直東宮備嘗險阻旣　亂初陪侍

粮還功勞最多嘗與一相相善晚覺其非兵　行朝爲備邊司有司堂上專管兵

26

屬形术言逐為
兩橋未幾病辛

早擢龍頭位上卿相門無忝繼家聲鳳毛自

擅文才妙鶴骨爭傳道氣清末路傾危何足

數晚年知悟更堪驚重嗟盡瘁供　王事賞

未酬勞誷已成

大将

伯補
春

留都大将領議政漢山府院君李陽元

莫道安危繫大臣高賢事去只酸辛作舟已

屬滇飛日授鈹翻仍　岳狩辰每惜土崩劬

未遂那知星隕數還屯空餘㮚月傳神在想

像中宵泣故人

扈従

漢城府判尹朴崇元 尚初次

扈

駕龍灣病入盲同　朝誰不動云亡魂

棲絕域誰堪托家室相離路更長

兵曹叅議黃廷式 中景次

不俱姻親同肺腑還將僚契照心肝箕城奄

28

誤 犯
起

癸邊邊日竄谷傳聞淚倍潛

承政院右承旨柳夢鼎 任景補

不見 行宮復 命時俄驚凶訃動 宸悲
辛 都病

少年親舊都歸盡此日難禁淚泗滂

吏曹參議李珣震補平 汝氣質沉重持論亦終始危從還

論議今誰繼唯見朋僚哭上衖

羈縲從 君返舊京忠勞端合預勳盟平心

戶曹佐郎韓淵

間關　陪從竄西挫徒步寧辭足繭蠶勞方道

度支能盡職忽驚中屋已呼皐

知中樞府事尹又新善修

鴨江西　辛益艱屯躲去紛紛少從臣公獨

追奔終廃　聖此生知免負　君親

戰死

巡邊使申砬立之補

身繫存亡壘在郊元戎性命豈徒抛兵家勝

敗由来事獨恨當初不擾睿

收起

守禦使申硈 仲堅補

自是 君恩浹骨惟知死 國效丹忱競

將一敗資牙頰誰識忘身直撝心

助防將原任忠清道水使劉克良 景補善

臨津之戰軍皆奔潰克良知事不濟欲退主將申硈呼曰克良亦走乎曰然則老夫當死於此遂同進力戰射敗賊甚多矢盡遇害

甲收沉幾古將傳運窮那得展奇謀只應冤

血消難盡化作江波咽不流

冤死

副元帥申恪

敬恪以違都元帥節制
次恪以遠都元帥節制
已發蟹嶺捷書至多有斬敵之功即
命馳驛止之後使綾行不及人皆寃之

莫恨馳宣後　命遲捷音已報　九重知粗

酬甄援蒙　恩宥瞋目應無地下悲

避亂

吏曹叅議朴漸　景次以孝友再避亂朔
寧地遇賊不屈被

刃猶未絕罵聲有進奴
急呼賊又至遂赴水死

孝友能全賦自天早將家行擬前賢可憐竟
被凶鋒殞聞訃那堪獨法然

同知中樞府事李裕仁之饒補避亂楊州墓山為賊

所執奴僕皆勸解衰乞命不從遇害

抗志 朝端不撓剛何顏更覿賊毋戕移忠

免遺先靈恥却向頹波屹作防

禮曹佐郎具宬進公補

落拓誰憐樹立孤浮生失意総堪吁兒雁屺洪範山短折憂居六挺之三

禍當三挺賦命窮奇似汝無負

守庵朴枝華寶君嘗為吏文學官旋棄之有學力以禮律身

博挚擧書所見精確避亂春川地聞賊迎近書老杜京洛雲山外音書靜不來

33

遂起
逐起

神炙作賦客力盡望鄉臺衰疾江邊卧

親朋日暮迴白鷗元水宿何事有餘哀

一律于巖不遂投水而死

平生學識最精明亂後應無汚令名心與杜

陵詩已契孤魂還遂白鷗鳴

被執

助防將文夢軒 吉州牧使李慎忠

次陷清正賊陣乘夜通逸被執屠裂而死

一自鐵關踰賊騎連城不守競謀身偷生竟

伏終難免磔裂嗟嗟二將臣

34

宗室

原川君徽 美士 次上疏言甚切直 曾詣行在所

樽酒追歡憶少時亂離那復失親知空餘血
疏壏平難字字齟成淚點悲

崈安君彭壽 德老

翩翩濁世美 王孫幾度相迎笑語溫塞外
遙聞乘鶴去空敎流淚滿襟痕

清城君傑 士豪

風流豈減信陵君花石圖書興不羣歌管飄

零何處去草深門巷日初矖

故舊

侍講院輔德鄭惟清 直次

生逢喪亂日大廈已摧梁漂轉嗟何寄懷思

耿未忘行朝繞會面旅櫬遷運鄉浮世誰能

久同炊鼎裏黃

重表弟司宰監正金纘先 公緒

平生趣尚略相同憶得俱為漢北童 國破

家亡君又逝園門傾側棘成叢 接開小門于

36

園墻必
便過從

司圃金褆綏李

性和厚有長者風
盡搭為東方第一

醉眠墨妙奪天權亂後驚聞已作仙屏障盡

隨夷擔去人間絕筆恐無傳

孝子

儒士金象乾

千鎰子也生有美質
事親間道達
誠士
東宮
辰兵

起隨父從軍嘗以親命間關道達不動容手不惇

晉州城陷父子相恨略不

射賊揮劒先及其父象乾奮刀

砍賊為後賊所殺遂父子同死

身逐嚴親倡義軍間關將命達　儲君始知

37

福善徒盧語忠孝方全首已分

生員柳夢熊　子

天性孝友避亂子揚
州洪福山母年七十
餘行峽隨人夢熊負以登山賊捽至揆
翎母頸夢熊以身障之自當其刃母全

絶而

峻嶺深林殺掠頻賊來無地可藏親將身受

翎全天只至孝原因素行純

儒士具敬天

七歲喪父猶守禮制
終三年人稱孝兒十
避亂楊州地賊欲害其母敬天
覆毅母上賊斬其腰捨母而去

終喪守制自齠年況值凶鋒落母邊繞過成

童不畏賊只緣心在保慈天

儒士成博成怡兄弟 兩姨妹任氏之子俱續學胎中生貞

試其父子漢為賊所刃兄弟以身嚴之至死不變

父方生我昊天同捍衛寧知顧此躬畢竟併

脣鋒刃下人間無路訴蒼穹

吏家兒李禮男 賊欲殺其母禮男扶執哀號乞以身代死

辛免母而見殺年纔十四

十四童兒孝出誠哀號扶母淚交橫倘將軀

命骸相贖萬死甘心不愛生

烈女

忠義衛李慶濡妻元氏　執夫喪未嘗見
齒對人輒哭不
絕聲勤祭祀孝舅姑壬辰避亂攅城地
中相與痛泣曰寧結項而死不為
賊所汚遂共縊一撗聯首而死殯

曾將貞淑裏當時賊至還應死不疑一撗同

經三烈逝濡毫那忍寫衰詞

儒生趙之範妻權氏　姿色過人避亂
安峽為賊所逼
以袖掩面伏地賊悅
起不得遂殺之而去

深閨未許外人覷肯向凶徒覰我顏力弱猶

40

餓堅不動此心應是重於山

儒生李晶妻金氏次 相國詮之曾孫遇
賊將逼以刀自刎

死而

相國之孫性行純貪生那肯玷吾身非緣異
日褒旋美自是貞心出等倫

儒生李宗澤妻朴氏及其庶妹處子輝
陽
縣監忠後之女忠臣彭年之後家典
在大丘洛東江上穿水濱為窟
一家避亂為鄰兒所指賊捉出應其逸
去捽兩鬢相結置諸岸邊八窟中探取
財物乘其無遂共躍八江中而死姊年
二十妹年十七始聞變相約曰若遇賊

八谷遺稿

當同死不為所汚辛如其言

亂離無計掩明姿驅出蒼黃結髮時躍入深
淵同免辱英風千載滿江湄

平壤府校婢崔進　年十五典收養父母避亂同舟老島賊突入乘舡下江潮落而闌同舟之人並被俘孀女獨投江而死

同舟随賊已全降抱璧何人獨赴瀧身跨飛
鯨歸紫府怨閭靈瑟咽空江

親戚八歌

變後烈女景多孝子亦不少不能盡舉各拈出五人以備三綱云爾

二一

舍弟清安縣監思閔景
倭冦度嶺聚
見邁往依公卅始之女婿尹延鸞家嘗 軍繁賊無故
寄書義卅言飢寒將死異日尋我於原
隔中語頗悲愴翌年三月病逝仍權葬
其地其妻子寄食於人力薄不能相
可慟

有弟有弟細銅章亂初舉義提干將俄聞徙
職去何忙血書遠寄天一方開緘不覺雙涕
淘書云盡室依他鄉寒無所衣飢無粮他年
覓我死所藏因風慰勉知幾行豈意奄忽欺
膏盲我今衰病寧父康地下相從且勿傷念

亂後遺稿

汝十口力未遑夭生多貝心茫茫嗚呼一歌

芳歌正長悲風颯颯生我傷

第二嫂仲兄進士妻黃氏
仲兄諱思
曾字仲魯
黃氏即兪
孫早寡

中已酉進士年二十三病發黃氏即兪
知恬之女挹國翼成公喜六世孫早寡
無後依養於寇亂初先隨其弟
廷愼匿於西山病卒權厝其地

有嫂有嫂淵且惠簽櫃之女丞相商撲對韋

作桑龍儷戰藝早占遷鸞勢薄命由來多蹉

鑾歡樂未終沈痛繼了無穆天同卒歲豈有

應門仍主祭托身猶子情所繫避兵荒山魂

44

巳逝吾家併馳方　虐衛亂世相失況斂瘥

報德以空佪悲涕及衧于塋景先計鳴呼二

歌芳憂莫泄哀鴻為我天過喉

第三姊京畿都事鄭磋妻具氏

有姊有姊年七九中歲巳失琴瑟友保持門

户為捨婦撫養孤幼佐慈母箱無尺帛衣何

有囊之餘粮斗可剖長恨良人永相負萬事

關心堪白首戁憂謂宜享遐壽豈知遭亂罹

凶咎憶得　神京初不守簦馬却向　行宮

45

走相聞無暇及林藪未助一錢顏尚厚嗚呼

三歌芳咽在口窮海蒼茫獨立久

猶子禮曹佐郎寃進

公慷慨有大節才識過人為流輩
兩推重詩文亦無塵俗氣嘗坐黨籍以
春官郎罷所壬辰歲避亂狼川山谷遇
賊不屈而死

有姪有姪官南宮才識不與凡人同聰明強

記文吐虹憶曾珥筆侍　重瞳衣裳合贊斧

藻功胡不置之經幄中命不相謀吾道窮斤

去未見亨衢道乎生坎軻已堪惘何與割刃

46

亂下散
二字

我其躬兩慈無托三兒恫冤氣竭無時終

襄門得汝謂當隆臨老相失餘頳蒙鳴呼四

歌兮聲徹穹浮生萬事俱成空

内兄軍器寺正李順壽 正　老

地遇賊子

門慘矣又聞兄疾革連呼
我名若有所托而辛云

孫三人見殺一人被擄仍患病不起其
幾長子曄及諸孫亦相紿二死亡幾至滅

内兄内兄字正老結髮親愛同懷抱不但詩

書對床討兒乃塲屋連兵搆少年情境隨潦

倒多病形容就枯槁曾隨二仙伏辜蜀道旋

聞泠馭歸蓬島眼前慘酷那得保身後沱綿

復盡天寮姑乞死恨不早贅壻返葵成所禱

追思往事幾醒好更聆遺語徒煩惱嗚呼五

歌方重懍懍何年一醊墳上草

婦弟繕工監監役申礫 峻仲

本老母避亂伊川山

賊間賊至各自隱代望見老母為賊所擊意其已斃遂自鑑而死

爰有仲峻出塵几賦性忼慨氣峭巉昔憤時

事血疏緘　天心震動感至誠筮仕蔭進穿

朝衫問為何官將作監董率工徒斲松杉效

能營繕絕謗議兵起扶老伏嶺巖禍迫巳昏

虞明鑑決意雄經莫我揆視命如草謬自菱

妻子遠寄斤鹵醎肥膚僅免焉鳶饞嗚呼六

歌方心鐫劓千秋萬古冤空術

婦弟巡邊使知中樞府事申砬 立以大

將出征朝野望其獻捷不援為嶺之
險引賊入平地欲一蹴崩之戰于忠州
敗績赴汇死盖當在北道值癸未之變
出塞擊賊兩向無前扼抗常勝且不知
倭冠與北虜有異以
至喪師亡身惜哉三

爰有巡邊秀西班威名赫赫震戎蠻亦服入

冠躁河山干戈彌漫旬日間　玉陛命將旗

鼓頷　朝野望望戴完頷呼嗟一跌腥血殘

壯士懷沙去不遠鳥嶺嶔鉴險難攀何不先

援扼函關當時失策買譏訕體未復土魂囧

閑孤寡何托備辛艱兄為連帥恤惸鰥嗚呼

七歌兮淨先潛天長地久恨難剛

婦弟守禦使原任咸慶南道兵使申硈

仲天性孝友旣登科五遷桵南道兵使墜嘉善慶初披徵入援上謁

於開城府命為守禦使使守臨津渡江進前薄賊營射賊多殺傷賊挺刃突

至士卒潰散知不免
遂馳赴江水而死

爰有守禦何許人官銜節度身姓申天資孝
友行恂恂識見分明邁儒臣兩露　恩深拔
擢新奉公箋私甘清貧勤　王遇賊守臨津
擔將一箭清炮塵薄戰兵散志莫伸憤憤寧
赴驚濤淪天地否塞運方屯非甬無良生不
辰望風奔北尚保身直前効死誰敢嘖嗚呼
八歌方勿復陳曲終肝膽空輪困

贊畫

三從事歌

弘文館校理尹暹修撰朴
篪以巡邊使李鎰從事官
禮曹佐郎李慶流以助防將邊
璣從事官並死於尚州之戰

有生莫作叔李人有身莫遭亂離辰叔李由
来多喪敗亂未免饒酸辛王堂學士尹與
朴南宮李郎俱青春皎皎清姿避鷄鶴亭亭
孤標映雪篤昵侍　經幄討典墳演禮只合
垂朝紳干戈一朝滿南州報章紛馳憂　紫
宸命將出師事已急三君應辟爲幕賓訣別
焉能顧妻子堂上各有白髮親迢迢逐戎

決哭
決起

旟去鐵馬錯莫迷關津尉虎如林勦莫當書

生性命安足珍商山一破血成川貴賊同死

隨灰塵三從事竟何歸冤氣央滂涕蒼旻自

古兵禍何代無未聞先及乎儒臣　國家養

士二百年大者梁棟小興輪用未盡材委鋒

刃惻然　軫念吾　君仁我今作此從事歌

一字一淚甚傷神誰將緩頰慰其親歲久年

深恨益新三從事難重陳　遷父又新知中樞
府事慶流父增判

書籤參奉天敘之　故牧使某之孫

子

二十六

巳上八十六人内男子七十八
人婦人八人撼詩八十六首

名儒

哭牛溪

非關林下久棲遲自是沉潛屋漏詩幾費提
撕開後學都將用舍付　明時任教白髮還
嬰誘誰道丹心不見知他日坡山餘宿草可
堪尋讀蔡邕碑

54

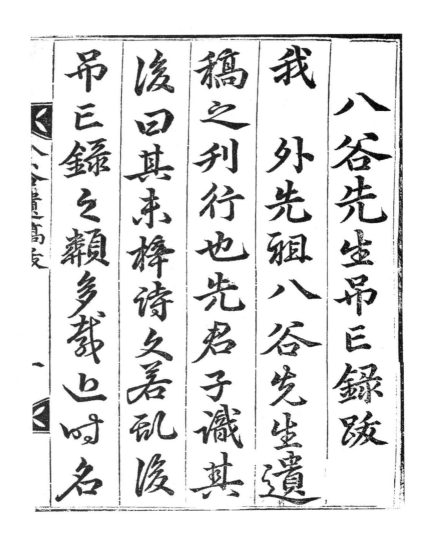

八谷先生吊巨錄跋

我 外先祖八谷先生遺

稿之刊行也先君子識其

後曰其未梓詩久若訛後

吊巨錄之頗多哉上呵名

55

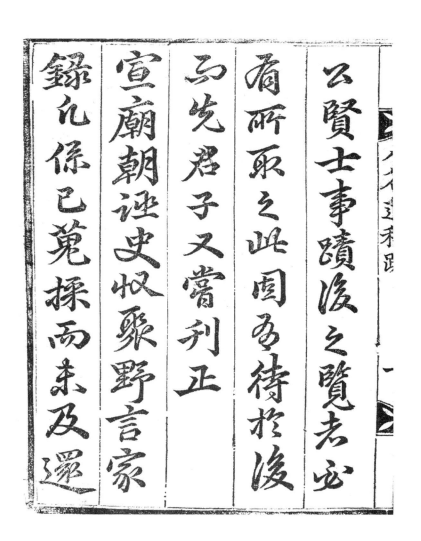

公賢士事蹟後之覽者必

眉所取之此固□亊待於後

而先君子又嘗刊正

宣廟朝誣史收聚野言家

錄凡係己蒐採而未及遷

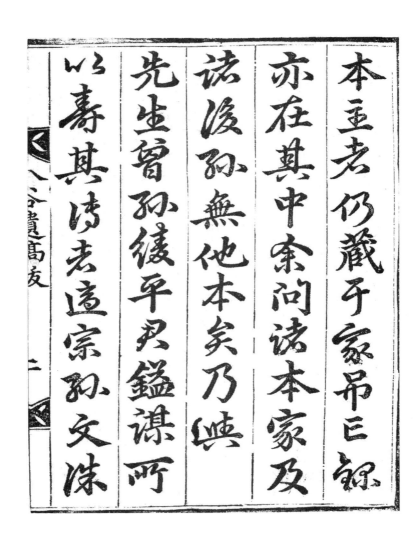

本主者仍藏于家吊已錄

亦在其中余問该本家及

该後孫無他本矣乃興

先生曾孫綾平尹鎰謀所

以壽其傳去遠宗孫文洙

出宰安峽取以瑩梓後平

俾余識至事余惟此錄既

為先君子修史吋所激又

將廣布於世使忠賢節蒙

之蹟為人所歆涌乃吾

58

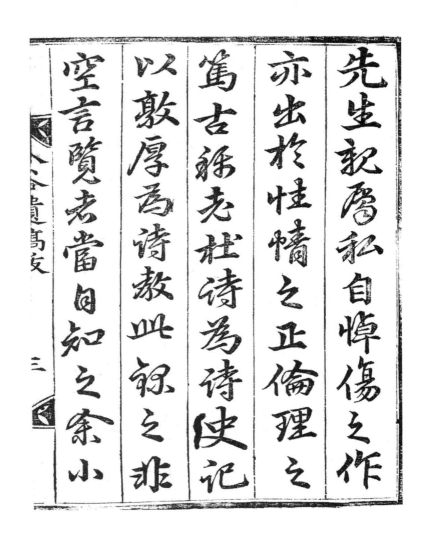

先生亦屬私自悼傷之作

亦出於性情之正倫理之

篤古孫老杜詩爲詩史記

以敦厚爲詩敎此錄之非

空言覽者當目知之余小

59

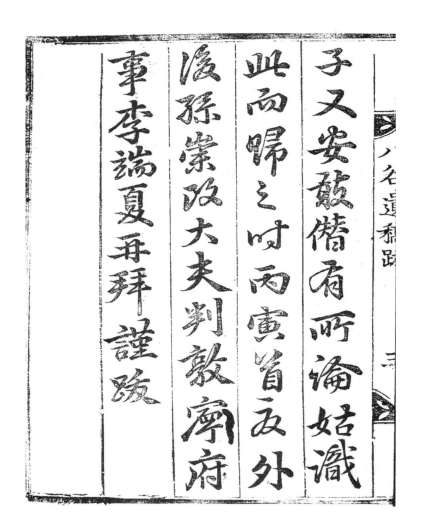

子又娶韓僑有所論姑識

此而歸之時丙寅省及外

後孫崇玫大夫判敦寧府

事李端夏再拜謹跋

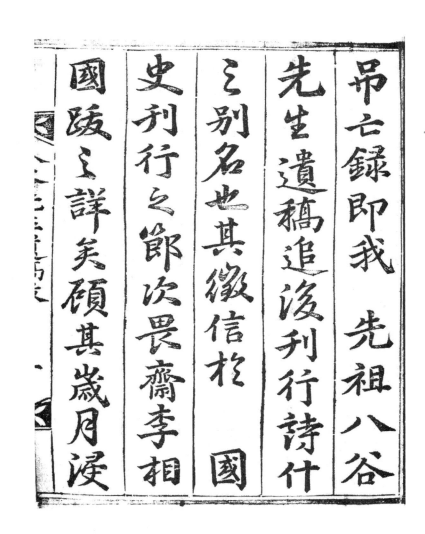

吊亡録即我　先祖八谷

先生遺稿追後刊行詩什

三別名也其徴信扵　國

史刊行之郎次畏齋李相

國貶之詳矣顧其歲月浸

久字多頑缺中經喪亂傳

布未廣則實非　先祖作

詩廳揚　曾王考鋟梓壽

傳之意其爲志士之所嗟

惜而後孫之所愧懼玄容

有其極弐不肖乎　恩於

朝來徃此土謀所以重刊

是錄也鷺湖李相國之雲

孫宗榮適以金泉沓郵來

住近地仍興之註復鳩材

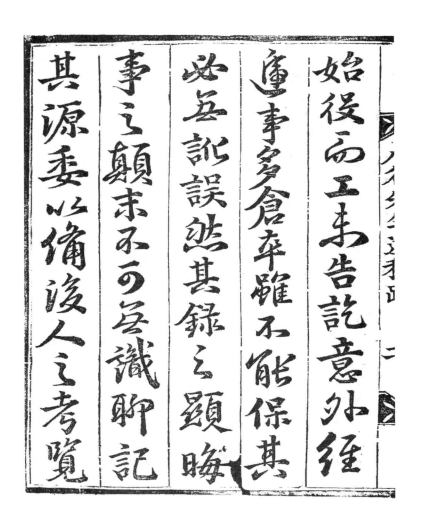

始後而工未告訖意外経

厪事多倉卒雖不能保其

必无訛誤然其錄之顯晦

事之顚末不可不誌聊記

其源委以備後人之考覽

焉嗚呼茲録之有補於世

教而非如詩人之空言無

實玄畏齋已言之矣又安

敢贅疣也時癸未仲春上

澣不肖後孫嘉善大夫前

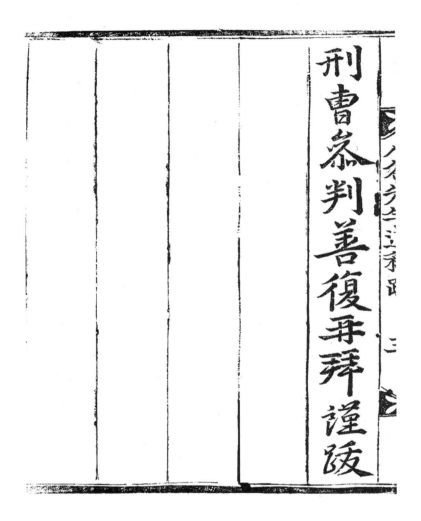

刑曹叅判善復再拜謹跋

난후조망록

亂後弔亡錄

영인 자료

《八谷雜稿》, 1763, 국립중앙도서관 소장(한古朝45-가190)

여기서부터 영인본을 인쇄한 부분입니다. 이 부분부터 보시기 바랍니다.

역주자 신해진(申海鎭)

경북 의성 출생
고려대학교 국어국문학과 및 동대학원 석·박사과정 졸업(문학박사)
전남대학교 제23회 용봉학술상(2019) ; 제25회·제26회 용봉학술특별상(2021·2022)
현재 전남대학교 인문대학 국어국문학과 교수

저역서 『이탁영 정만록의 임진변생후일록』(2023), 『용주 조경 호란일기』(2023)
　　　 『암곡 도세순 용사일기』(2023), 『설하거사 남기재 병자사략』(2023)
　　　 『사류재 이정암 서정일록』(2023), 『농포 정문부 진사장계』(2022)
　　　 『약포 정탁 피난행록(상·하)』(2022), 『중호 윤탁연 북관일기(상·하)』(2022)
　　　 『취사 이여빈 용사록』(2022), 『양건당 황대중 임진창의격왜일기』(2022)
　　　 『농아당 박홍장 병신동사록』(2022), 『청허재 손엽 용사일기』(2022)
　　　 『추포 황신 일본왕환일기』(2022), 『청강 조수성 병자거의일기』(2021)
　　　 『만휴 황귀성 난중기사』(2021), 『월파 류팽로 임진창의일기』(2021)
　　　 『검간 임진일기』(2021), 『검간 임진일기 자료집성』(2021), 『가휴 진사일기』(2021)
　　　 『성재 용사실기』(2021), 『지헌 임진일록』(2021), 『양대박 창의 종군일기』(2021)
　　　 『선양정 진사일기』(2020), 『북천일록』(2020), 『괘일록』(2020), 『토역일기』(2020)
　　　 『후금 요양성 정탐서』(2020), 『북행일기』(2020), 『심행일기』(2020)
　　　 『요해단충록 (1)~(8)』(2019, 2020), 『무요부초건주이추왕고소략』(2018)
　　　 『건주기정도기』(2017)

　　　 이외 다수의 저역서와 논문

'팔곡 구사맹 난후조망록
八谷 具思孟 亂後弔亡錄

2023년 8월 22일 초판 1쇄 펴냄

원저자 구사맹
역주자 신해진
펴낸이 김흥국
펴낸곳 도서출판 보고사

책임편집 이경민
표지디자인 김규범

등록 1990년 12월 13일 제6-0429호
주소 경기도 파주시 회동길 337-15 보고사
전화 031-955-9797(대표)
팩스 02-922-6990
메일 bogosabooks@naver.com
http://www.bogosabooks.co.kr

ISBN 979-11-6587-573-2 93910
ⓒ 신해진, 2023

정가 16,000원